湖南盟史系列

湖南民盟人物

中国民主同盟湖南省委员会　编

主　编　杨君武　副主编　傅小松

本书出版得到中国统战理论研究会党外代表人统战工作研究湖南基地资助

群言出版社
QUNYAN PRESS
·北　京·

图书在版编目（CIP）数据

湖南民盟人物 / 中国民主同盟湖南省委员会编；杨君武主编 . -- 北京：群言出版社，2020.10
（民盟历史文献）
ISBN 978-7-5193-0609-0

Ⅰ. ①湖… Ⅱ. ①民… ②杨… Ⅲ. ①中国民主同盟—名人—生平事迹—湖南 Ⅳ. ①K827=7

中国版本图书馆 CIP 数据核字（2020）第 175319 号

责任编辑：李　群
封面设计：逸品书装

出版发行：群言出版社
地　　址：北京市东城区东厂胡同北巷 1 号（100006）
网　　址：www.qypublish.com（官网书城）
电子信箱：qunyancbs@126.com
联系电话：010-65267783　65263836
经　　销：全国新华书店

印　　刷：涞水建良印刷有限公司
版　　次：2020 年 10 月第 1 版　2020 年 10 月第 1 次印刷
开　　本：880mm × 1230mm　1/32
印　　张：11
字　　数：228 千字
书　　号：ISBN 978-7-5193-0609-0
定　　价：42.00 元

前　言

中国民主同盟成立于1941年3月，正值抗日民族统一战线遭到国民党独裁统治破坏的危难之际。民盟以贯彻抗日主张、实践民主精神、尊重思想自由、提倡依法治国为政治纲领。民盟凝聚了当时很多进步知识分子和社会精英，可谓群贤毕集。在不同的历史时期，黄炎培、张澜、沈钧儒、杨明轩、闻一多、李公朴、梁漱溟、史良、胡愈之、楚图南、吴晗、费孝通……这些民盟前辈精英们纵横捭阖、开阔放达，本着知识分子的人文良知和社会责任“奔走国是”，在政治、经济、军事、外交、教育、社会等领域都提出了明确的纲领和主张，将平等、民主、自由的思想播撒在中国的土地上。

在那苍黄翻覆、陵谷变迁的大时代，在那风云变幻、波澜壮阔的动荡岁月里，历史的浪潮将中国民主同盟，将有志于民族振兴的贤良才俊推上了风口浪尖，他们在改变中国命运的同时，也改变了自己的人生轨迹。他们为历史的进程，为国家富强、民族振兴和民主政治的进步做出了卓越的贡献;他们将自己的荣辱与民族存亡紧紧地联系在一起,为中国的民主、繁荣奋斗了一生,为后人留下了许多宝贵的精神财富;他们关于新民主主义社会的探索,至今仍具有巨大的影响和现实意义。

在和平盛世的今天,为了保存这珍贵的历史财富,为了让后人记住先辈们的独立之精神、自由之思想以及他们为国为民、励精图治的奋斗事迹,我们通过多年的精心准备和积累,出版了《民盟历史文献》丛书,这不仅仅是追忆往昔、缅怀先贤,也不仅仅是为了从学术研究的角度去厘清历史、臧否人物,更重要的是:通过回顾那段曲折的历史,传承民盟与中国共产党肝胆相照、荣辱与共的真挚感情;纪念民盟先贤为新中国做出的巨大贡献;呈现近现代中国社会的嬗变和进步知识分子的爱国情怀;同时也是为了民盟薪火相传、与时俱进的需要;为了让那些隽永传奇的人物和可歌可泣的历史再现后人的眼前。

路漫漫其修远兮,吾将上下而求索。《民盟历史文献》丛书的出版,是对先贤们多党合作历史的尊崇和传承。

《民盟历史文献》编委会

传承优良传统　继续携手前进（代序）

为纪念湖南民盟组织成立70周年，并加大对湖南盟史资料的抢救、搜集和整理力度，2013年7月，民盟湖南省第十三届五次常委（扩大）会议研究决定，编辑出版“湖南盟史丛书”，旨在通过文字、图表、照片等形式，集中反映湖南民盟省级组织成立以来的不平凡历程和为湖南和平解放、建设和发展所做出的贡献，展示湖南民盟的风采和形象，并通过加强盟史教育资政育人，激励广大盟员坚持中国共产党的领导，不忘合作初心，继续携手前进，为建设富饶美丽幸福新湖南献智出力。丛书分为《湖南民盟史》《湖南民盟人物》《湖南民盟重要文献》三卷。如今，历时五年，丛书终于编撰告成。

湖南民盟省级组织成立于1949年1月10日。作为中国民主同盟的地方组织，湖南民盟在黎明前最黑暗的时刻诞生，在湖南和平解放中锤炼，在社会主义改造中成长，在“反右”和“文革”中经受考验，在改革开放新时期创造辉煌，与中国共产党风雨同舟、肝胆相照，与三湘人民同呼吸、共命运，积极履行参政党职能，书写了一部厚重的历史，形成了自己的优良传统。这种传统，近承“奔走国是，关注民生”的民盟精神，远绍“心忧天下，敢为人先”的湖湘气质。这种传统，既表现在湖南民盟作为一个参政党地方组织的杰出贡献和社会形象上，也表现在湖南民盟历任领导人和其他杰出成员的优良作风和优秀品格上。湖南民盟的优良传统，我认为主要有以下四个方面。

一是与党同心、风雨同舟的合作传统。一部湖南民盟史，就是一部接受中国共产党领导，与中共肝胆相照、荣辱与共的合作史。湖南民盟省级组织的创立，既是在民盟总部领导下进行，同时也得力于中共湖南地下组织的大力帮助和指导。湖南民盟主要创始人包括萧敏颂、余志宏、刘禄铨、杨伯峻、杨荣国等，他们既是党员也是盟员。湖南民盟一成立，即大力配合中共地下斗争，积极推动湖南和平解放。中共湖南省工委成立了统战工作小组（又称策反小组），由中共、民盟交叉成员余志宏、涂西畴分任正、副组长。湖南民盟与中共湖南地下党亲密合作，与国民党斗智斗勇，成功促成程潜、陈明仁和平起义，共同上演了一曲救人民于水火、化干戈为玉帛的壮歌。湖南和平解放后的第三天，民盟湖南省支部创办了《民主报》，由杨伯峻任社长，与《新湖南报》相互呼应，大力、热情宣传中国共产党的方针政策，得到了中共和社会各界的充分肯定。新中国成立后，湖南民盟在中共湖南省委的领导下，积极参加和支持土地改革、抗美援朝、“三反”“五反”运动以及国民经济恢复和社会主义改造工作。新时期以来，湖南民盟更是与湖南的改革开放和发展同行，参政议政方面，从联合民盟湖北省委召开影响深远的“两湖会议”，到就湖南粮食生产问题、防止国有资产流失、促进湖南城市化等重大课题开展调研，再到近几年深度参与“四化两型”建设、“数字湖南”等一批重大建议为中共省委、省政府采纳，一路诚献良谋，力进忠言，成为执政党的诤友和挚友。社会服务方面，从早期开展讲学办学、支边扶贫、科技咨询等为“四化”服务活动，到近年来致力于新农村建设、社区共建、“烛光行动”和“明眸工程”，不断创新方式、扩大领域、增强实效，充分体现参政党服务大局、关注民生的情怀。

二是救国救民、匡时济世的道义担当。20世纪上半叶，国民党实施专制统治，国家战火频仍、内忧外患，三湘大地也是满目疮痍、民生凋敝。湖南民盟众多先贤目击时艰，挺身而出，以天下为己任，走上了救国救民的道路。湖南民盟首任主委萧敏颂，在北京大学读书时即投身民主救国运动，曾担任“中华民族解放先锋队”总部组织部部长、“华北各界抗日救国联合会”组织部副部长；曾任民盟省委第一届支部副主委的谭丕模，参加了1926年的“三一八”请愿抗议，遭到政府镇压，负伤倒在血泊中，夜晚才从死尸堆里爬出；曾任民盟省委顾问的陈新宪，1927年1月陪同毛泽东到衡山考察农民运动，其事迹载入革命史册；由吴晗、闻一多介绍入盟的伍大希，1946年7月15日在云南大学现场记录了闻一多先生《最后一次演讲》，为中国革命史保留了一份珍贵的资料；曾任民盟省委代主委的魏猛克以及李淑一、文忆萱、严怪愚等，都曾因参加民主运动被捕关押；还有很多盟员先贤，如杜迈之、康德、蓝肇祺、张梓敬、欧阳敏讷等，创办《自由论坛》《力报》《晚晚报》《新时代周刊》等进步报刊，以笔为矛，抨击黑暗，唤醒国人。湖南民盟成立后，更是积极组织和发动盟员赴汤蹈火，走到推动湖南和平解放的第一线。主办进步报刊，翻印革命书籍，组织学生运动，为迎接解放宣传造势；发动各地盟员积极开展护厂、护产、反迁移、反破坏斗争。特别是发动盟员深入虎穴，积极开展统战策反工作。余志宏、涂西畴成功策反了一大批国民党中上层人员，促成程潜、陈明仁和平起义，成为湖南和平解放的功臣。刘禄铨奉中共省工委之命突破封锁赴华中局汇报湖南形势，并带回华中局关于和平解放湖南的意见，被称为"湖南和平解放的第一个使者"。盟员朱刚夫、余淑怡等在解放战争中壮烈牺牲，新中国成立后被确认为"革命烈士"。

三是坚持正义、坚守真理的价值追求。湖南民盟成员中，有很多恪守良知、坚持正义的勇士，更不乏敢建诤言、敢立谠论的赤子。严怪愚是民国时期与邹韬奋、范长江等齐名的著名记者。他不畏强权，敢说真话。1939年4月7日，他不顾蒋介石的禁令，第一个在他供职的《力报》上果敢揭露汪精卫叛国投敌的丑闻，震惊海内外，被誉为“新闻勇士”。因此，他主办的《力报》被查封，他本人被投入监狱达8个月之久。曾任民盟湖南省委第三、四、五届主委的周世钊，是毛泽东的同学和诗友，曾留下了“三谏毛泽东”的佳话。毛泽东在和外宾的一次谈话中充分肯定他：“湖南的周世钊，是一个极正直、极真诚的人。”湖南大学物理学教授石任球，时任民盟湖南大学支部主委。1983年2月，他联合农工党员彭肇藩，以极大的勇气向《人民日报》《光明日报》写信，反映湖南大学在落实知识分子政策方面存在的问题，信件在两报头版显著位置发表后，引起社会各界高度关注。中共湖南省委专门成立了检查落实知识分子政策办公室，迅速推动了全省知识分子政策的落实。

四是以学报国、经世致用的崇高风范。民盟是以文化教育科技界高、中级知识分子为主体的参政党。湖南民盟自成立以来，吸引和聚集了一大批优秀的专家学者。他们严谨治学，刻苦攻关，淡泊修身，无怨无悔地以学识和技能报效国家、奉献社会。民盟湖南省委第四任主委卢惠霖，是中国生物遗传学的奠基人，人类生殖工程的开拓者，指导研制出中国首例冷冻精液人工授精婴儿，被誉为“中国试管婴儿之父”。第五任主委陈新民，是中科院学部委员，中国有色金属冶金教育的开拓者。1952年元月，他奉命从北京南下长沙，筹建中南矿冶学院，带领全院师生艰苦奋斗，仅用不到一年的时间就在一片荒山上建起了一座校园，创造了中国教育史上的奇迹。第六任主委王振华,著名心血管病专家。第七任主委谢佑卿,中南大学材料物理与化学专业首席教授、美国纽约科学院院士。曾任盟省委副主委的周宏灏,是中国工程院院士,1991年他放弃在美国的优越条件毅然归国,创建了我国第一所遗传药理学研究所,成为我国遗传药理学科的开拓者和带头人。普通民盟成员中,更涌现了一大批以学报国、无私奉献的典型。血液学家易见龙,在抗战中和新中国成立后两度为筹建中国现代血库而奔波,殚精竭虑,成为我国现代输血事业的奠基人。血吸虫病学家陈祜鑫,带着妻儿安家洞庭湖,创建了湖南省第一个、全国第二个血吸虫病防治研究所,在湖风泽浪中奋战了30多个春秋,为帮助湖区人民战胜血吸虫病做出了卓越贡献。历史学家何光岳,出生贫苦,仅读了五年半小学,以惊人的毅力自学成才,潜心于民族史、姓氏源流史等研究,出版著述40多部,共计3000余万字,为增强中华民族凝聚力、推动海内外华人的"寻根热"做出了较大的贡献。经济学家柳思维,多年来积极为湖南的经济社会发展建言献策,其真知灼见和经世致用的情怀使其成为湖南历任省委书记、省长倚重的智囊专家。湖南大学副校长、民盟省委常委谭蔚泓,长期致力于分析化学、化学生物学和分子医学的研究,取得重大成果,先后当选中国科学院院士、发展中国家科学院院士。

习近平总书记曾指出:"历史是最好的教科书。学习党史、国史,是坚持和发展中国特色社会主义、把党和国家各项事业继续推向前进的必修课。”时任民盟中央主席张宝文提出：“民盟的优良传统是历史经验的积累，是民盟不断前进的精神动力。”湖南民盟有近70年的不平凡历程、可歌可泣的优良传统、群星闪烁的先贤群体，这是一笔丰厚的历史资源，更是一笔宝贵的精神财富。如何进一步继承民盟优良传统，我认为要从以下三个方面努力。

一是要大力弘扬民盟精神，夯实多党合作的政治思想基础。民盟精神是民盟之魂。民盟精神最核心的部分，就是民盟前辈们所具有的那种以天下为己任、以国家和民族利益为旨归的责任意识和担当精神。这种精神，是“心忧天下”的中国传统知识分子情怀与“立党为公”的现代政党意识的结合。正是这种崇高的人生理想，转化为先进的政治追求，使民盟前辈们坚定地选择与中共亲密合作、并肩战斗，并坚定地接受中国共产党的领导，走中国特色的政治发展道路。我们通过加强民盟传统教育，不断增强广大盟员特别是青年盟员对中国特色社会主义的道路自信、理论自信、制度自信、文化自信，把老一辈当年的历史选择转化为今天的现实选择，进一步夯实多党合作的政治思想基础。

二是充分挖掘盟史资源，推进民盟参政履职和自身建设。学习盟史，我们不仅要回顾辉煌、以史为傲，还要总结成绩、以史为师，更要不讳曲折、以史为鉴。回首湖南民盟走过的历史道路，我们深刻体会到：坚持和完善中国共产党领导的多党合作和政治协商制度，与党同心，与中国特色社会主义同行，是湖南民盟自始至终的政治准则；围绕实现中华民族伟大复兴的中国梦和全面深化改革开放，发挥优势，积极献智出力，是湖南民盟履职的根本方向；继承民盟先贤的优良传统，建诤言，立谠论，推进协商民主，是湖南民盟坚守的价值追求；切实加强自身建设，推进“人才兴盟”“人才强盟”，建设一支高素质、有作为、敢担当的参政党队伍，是湖南民盟实现可持续发展的有力保证。

三是深入学习民盟先贤，激励广大盟员立足本职、建功立业。民盟英才辈出，众多民盟先贤以其道德文章功业成为我们传承的典范、学习的榜样。他们中有取义成仁的烈士，有为民请命的英雄，有爱国忧民的贤达，有满腹经纶的学人。高山仰止，见贤思齐。我们要经常性地积极开展缅怀、纪念先贤的活动，宣传他们的典型事迹和崇高风范，弘扬民盟先驱爱党、报国、为民的坚定信念；学习民盟先辈重视立德修身、恪守知识分子良知的崇高风范；传承民盟贤达学有专长、以学报国的奉献精神，激励广大盟员立足本职岗位建功立业。

一切历史都是当代史。站在前辈的肩上，我们将看得更远；踏着先贤的足迹，我们将奋勇前行！

杨维刚

湖南省人大常委会副主任、民盟湖南省委主委

凡 例

一、本书是民盟湖南省委组织编写的“湖南盟史丛书”之一。

二、本书所称“湖南民盟人物”，是指一直或曾经在湖南工作，在湖南入盟或编入过湖南民盟各级组织的盟员。除盟员身份外，同时拥有中共党员或其他党派成员身份者，视同盟员。

三、关于本书人物的入选标准：

(1)在湖南民盟的创建和发展过程中担任过主要领导职务、做出过重大贡献者(本届即第十四届民盟省委领导班子成员暂不收入)；(2)获得过重大国家级奖励和荣誉称号或业界公认的重大全国性奖励和荣誉称号者；(3)具有国际影响或全国知名的思想家、科学家、艺术家、教育家、社会活动家、企业家等。

四、本书收录人物一般由入选人物所在民盟地方和基层组织推荐，经湖南盟史丛书编审委员会审核，湖南盟史丛书编撰委员会审定。

五、本书入选人物，每人视情况撰有500—3000字传记，并配照片一张。传记内容包括姓名、民族、性别、籍贯、生卒时间、供职单位、职务（职称）、党派内职务、学习简历、工作简历、专业成果和社会影响，并择要收其参政议政成绩，侧重反映其成长道路，以期全面展示入选人物的风貌。未注明民族、性别者，均为汉族和男性。

六、本书所有入选人物在书中的排列顺序按生卒年份顺序排列。

七、附录收录了湖南盟员中担任历届全国人大代表和全国政协委员名单，历届民盟中央委员和候补委员名单，担任湖南省各级人大、政府、政协、民主党派和司法系统副厅级以上职务名单，担任湖南省高等院校副校长以上职务名单。

八、本书入选人物事迹介绍，截至2018年3月。

目 录

附录

本省民盟人物

屈子健

——知名民主人士、衡阳民盟早期领导人

屈子健(1890—1983),号天壁,湖南衡阳人,1922年加入中国共产党,1949年加入中国民主同盟。曾任民盟湖南省委委员、民盟衡阳市委主委,湖南省人民政府参事室参事。

屈子健1911年春毕业于长沙湖南省优级师范学校。先后担任过衡州府中学、湖南省立第三师范学校、湖南私立新民中学、光华中学、船山中学等多所学校教员、教务主任、校长等职务。1949年10月被中国共产党地下组织派任衡阳市军事管制委员会文教接管处副处长、衡阳市人民政府文教科科长。1957年被划为右派,1962年任省文史研究馆馆员,1980年予以平反。1983年任湖南省人民政府参事室参事。1983年9月在长沙逝世,享年93岁。

屈子健是久经考验的革命工作者。1911年武昌起义爆发,他与同盟会成员刘恩甫在衡阳响应起义。1921年由何叔衡介绍

加入社会主义青年团。1922 年加入中国共产党,次年因领导学生运动失误被开除党籍。而后参加谭延闿的湘军,随军入粤。1924 年在广州由谢晋介绍加入国民党。国共合作时期,拥护孙中山先生的主张,受国民党派遣返湘发展国民党组织,任衡阳党部常委。1925 年赴武昌发展国民党组织。是年秋,赴粤任国民革命军第二军政治部宣传大队长,继而调任该军教导师第二团党代表、第二军国民党特别党部执委会常委,随部参加北伐。1927 年至长沙,任中央军校三分校政治部主任。“马日事变”后至汉口,任军事委员会总政治部秘书。宁汉合流后国民党实行大清洗,进行党员登记,屈子健拒绝登记。1932 年赴南京,任中央实业部总务司会计科科员。全面抗战后由南京返湘,担任抗敌后援会委员、宣传部部长,并加入“忠义救国社”。1948 年加入民社党,曾被推为该党衡阳市筹委会负责人。1949 年初,在衡阳参加“新民主主义联合会”,与中共地下党组织取得了联系,曾参与策动衡阳市市长和警察局局长起义,为湖南的和平解放做出了一定贡献。

屈子健是衡阳民盟创始人之一,1949 年 4 月加入民盟,1950 年,民盟衡阳分部临时工作委员会成立,他任主任委员。1951 年,民盟衡阳市分部正式成立,屈子健被推为主委。他还是民盟湖南省第一届、第二届支部委员会委员。

屈子健曾任第一届湖南省人大代表,政协湖南省第一届、四届、五届委员会常务委员,政协衡阳市委员会副主席。

董爽秋

——知名植物学家

董爽秋(1896—1980),植物学家。原名董桂阳,安徽贵池(今池州)人,1950年加入中国民主同盟。曾任湖南大学、湖南师范学院(今湖南师范大学)系主任、教授。

董爽秋1920年考取公费留学生,与周恩来同船赴法国里昂大学求学,两年后转赴德国柏林大学学习,师从著名植物学家迪尔士。1927年获博士学位。在德期间,与朱德、徐冰等交往,秘密从事革命活动,并加入共产主义青年团。回国后,他遭到国民党当局通缉,流亡比利时,易名爽秋,几经周折返回祖国。1929年任安徽大学生物系教授。1930年到1942年,受聘于中山大学,任生物系教授、教务长等职。期间,曾秘密翻译德文版《资本论》。1942年后,先后到贵州大学、西北大学、同济大学、兰州大学等校任教,担任过兰州大学植物系主任、代理校长。中华人民共和国成立后,任湖南大学生物系主任、自然科学院院长。1953

年参加中国人民赴朝慰问团，任湖南分团副团长，慰问中国人民志愿军。同年，全国高校院系调整，转湖南师范学院任生物系主任。他还曾担任中国植物学会理事、湖南生物学会理事长等职。1980年4月4日在长沙逝世，享年84岁。

董爽秋是现代中国第一代生物学家，先后出版了《植物形态学》《植物地理学》《植物分类学》《达尔文主义》《遗传学》《植物的生活》等专著。特别是他与武汉大学张挺教授合著的《植物生态学》是我国第一部研究植物生态的专著。他把迪尔士所著的《植物地理学》《中国中部植物》译成中文，在《自然科学》杂志上发表，被誉为经典之作，至今还是高校生物系师生必备的参考书。

董爽秋坚持真理，反对伪科学。早在20世纪30年代，他就领导中山大学生物系师生，开展科学实验，揭穿了所谓“生物自然发生”的虚伪性，引起轰动。1956年，他撰文批判苏联著名生物学家勒伯辛斯卡娅的“生命可以自然发生”的观点，并在课堂上大胆介绍当时被禁的“孟德尔—摩尔根遗传学说”。他语重心长地告诉学生：“孟德尔、摩尔根的遗传学是科学的，非常严谨，将来一定会派上用场的，希望同学们好好学习、钻研！”

董爽秋襟怀坦荡，刚直不阿，历经磨难而永葆丹心。“文革”中他一度被剥夺了从事生物学研究的权利，于是他干起了汉语言文字源流的考证工作。在他离开人世前，给后人留下了一部50多万字的专著手稿《中国汉语言文字源流》。1978年召开全国首届科学大会，82岁高龄的他作为湖南代表团年纪最大的一员，欣然与会。

为纪念董爽秋在教书育人以及在生物科学上的卓越贡献，2004年，湖南师范大学设立了“董爽秋生命科学奖”。

董爽秋是全国政协第二、三、四、五届委员会委员，第二届湖南省各界人民代表会议协商委员会委员，第一、二届湖南省人大代表，第五届湖南省人大常委会委员，政协湖南省第一、二、三届委员会委员。因工作需要，他后来又加入中国农工民主党，担任过农工民主党湖南省委副主委。

周声汉

——知名水稻育种专家

周声汉(1896—1983),农学家、水稻育种专家,湖南湘阴人,1953 年加入中国民主同盟。曾任民盟湖南省委常委,湖南农学院(今湖南农业大学)教务长、教授。

周声汉 1912 年入长沙铁道学校学习。1914 年留学日本,先后在东京成城中学、冈山第六高等学校、东京帝国大学农学院学习。1925 年 4 月学成回国。同年 7 月,受聘到湖南省立高级农业职业学校任教。1926 年以后先后任湘南督办公署农业委员,湖南省建设厅技士、技正等职。1932 年春,调任湖南省建设厅农事试验场场长。1938 年湖南成立农业改进所,试验场并入该所,他任副所长。1946 年 1 月,调任湖南省立农业专科学校校长。中华人民共和国建立后,周声汉到湖南大学农学院任教。1951 年湖南农学院成立,他先后任湖南农学院教授、系主任和教务长等职。此外,周声汉还担任中国农学会长沙分会理事长、湖南省作物学会常务理事、长沙市科协副主席、湖南农学院学报编委会副主任等职。“文革”中受迫害,1979年平反。1983年6月16日在长沙逝世,享年87岁。

周声汉是卓有贡献的农学家、水稻育种专家。在日留学期间,当时学政法者成风,而他独选农学,且刻苦攻读,生活节约,被时人赞为“不逐荣利之士”。他任农事试验场场长时,在场内设立种艺、园艺、病虫害防治等科研机构,坚持栽培和选育水稻良种,于1937年育出一季籼稻良种“万利籼”,比当时农家品种每亩增产50至100斤,为当时所有推广种植的良种之冠。他还从日本引进优良梨种和无核蜜橘良种,进行繁殖推广;并倡导设立常(德)、益(阳)、安(乡)、汉(寿)四县联合治蝗委员会,组织联防联治,为减轻黄脊竹蝗对水稻和竹林的危害做了有益的工作。1938年周声汉担任湖南省农业改进所副所长后,积极参与组织领导全省的农林科研事业。在所本部设立稻作、棉作、茶作、园艺、森林、畜牧、兽医、病虫害防治等科研机构,在全省重点地区分设农、林、畜牧、茶叶试验场,气象观测和药圃等研究机构和基层工作站等推广组织,并在南岳设特区管理局,从事森林、茶叶、药物资源的调查研究与开发利用,使湖南省农林事业的科研工作初具规模。尤其是湘潭等地的良种推广,成绩突出,且一直延续到湖南和平解放,为中华人民共和国建立后在湘东湘南地区继续推广良种提供了种源。1956年参加制定全国第一部《作物栽培学大纲》,做了大量工作。20世纪60年代初,他配合全国水稻生态研究,主持了水稻温光反应的研究工作,著有《作物学概论》《食用作物学》《工艺作物学》等书。1983年5月,因辛勤从事农业科学工作50年以上，周声汉受到中国农学会的表彰。

周声汉先后任民盟湖南农学院支部主委，民盟湖南省第二、三、四届委员会委员，第五、六届委员会常委。

周声汉是政协湖南省第一、二、三届委员会委员，第四届委员会常委。

周世钊

——毛泽东诗友，曾任民盟湖南省委主委、湖南省人民政府副省长

周世钊(1897—1976)，诗人、教育家，字惇元，又名敦元，别号东园，湖南宁乡人，1951年加入中国民主同盟。曾任民盟湖南省委主委、湖南省人民政府副省长等职。

周世钊1913年春考入湖南第四师范学校，次年随该校并入湖南省立第一师范学校，1918年夏毕业，任长沙修业小学教员。翌年任湖南通俗报馆编辑兼一师附小历史教员。1921年入国立东南大学教育学院研究教育，1922年秋转入该校中国文学院中国文学系。1925年春，应徐特立之聘到湖南省立第一女子师范任教。1927年加入中国国民党，任《南岳日报》编辑兼第一女子师范教员、明德中学教员。1928年后，历任湖南省二中、周南女中、长沙师范、第一师范等校教员、教务主任等。1946年脱离国民党。1949年7月，任湖南第一师范代理校长。1951年3

月,入华北人民革命大学政治研究院学习一年。1955年担任湖南省教育厅副厅长兼一师校长。1958年后担任湖南省人民政府副省长、湖南省人民委员会委员、省政协副主席等职。1976年4月20日在长沙逝世,享年79岁。

周世钊是毛泽东的学友,更是中国共产党的挚友和诤友。在湖南省立第一师范学校就读期间,周世钊与毛泽东同学5年,同住一间寝室。1918年加入新民学会,与毛泽东同为学会骨干会员。担任长沙修业小学教员期间,邀毛泽东到该校教历史,并为毛泽东筹建湖南学生联合会、创办《湘江评论》提供支持。1920年,他协助毛泽东创办长沙"文化书社"。1949年8月,周世钊率长沙教育界人士,通电响应湖南和平起义。1959年冬,周世钊到北京参加民盟中央工作会议,期间毛泽东接见了他。毛主席问他:"敦元兄啊！你现在是一位堂堂的大副省长了,你分管什么工作啊?"周世钊说:"在省人大常委会我是分管教育工作。在省政协我是管学委会的工作。因为我是民盟湖南省的主委,所以我还要做民主党派的工作。"毛主席听后说:"哎呀,你是一位大忙人啊！在你这些工作当中,我看做好民主党派的工作是极为重要的。因为我知道民盟的成员,绝大部分都是大学教授,他们都是为国家培养高级人才之师,做好他们的工作是何等的重要啊!"周世钊说:"我又不是共产党员,我又怎么去做他们的工作啊!"毛主席说:"我的敦元兄,你是想加入中国共产党,是不是啊？如果你真的想要加入中国共产党,我来给你当入党介绍人。但是我认为你最好不要入党。你放在党外,第一于你的工作方便些,第二你在党外比在党内的作用还要大些。你看如何?”周世钊说:“照主席这么一讲,我就不入党,我就放在党外,做一名共产党的好朋友。”

周世钊从北京回来向民盟湖南省委传达了民盟中央工作会议的精神后,他就到长沙的各个大学,积极地找大学教授们谈心,做民盟成员的政治思想工作,鼓励他们要与党同心同德,教好书,育好人。

“文革”开始后,周世钊忧心忡忡,上书毛泽东陈述己见。1967 年赴京期间,他向毛泽东反映了“文革”中的种种问题,并进言:“今天这个局面,民主党派还起什么作用……连个庙都没有了。”毛泽东说:“庙可以重修嘛! 修庙是积福的事,我出点香火钱。”1972 年 8 月,他再次向毛泽东进谏八点意见,涉及“解放老干部”“为知识分子正名”“恢复共青团、少先队组织”“制止开后门不正之风”“消除派性”等方面。其意见虽未被完全采纳,但其敢于犯言直谏的精神为后人所赞扬,也得到当时毛泽东的肯定。毛泽东在和外宾的一次谈话中充分肯定他:“湖南的周世钊,是一个极正直、极真诚的人。”

周世钊生平雅好诗词,与毛泽东是诗友,在《毛泽东诗词集》中,留下了毛泽东与周世钊相互唱和的经典作品。他还撰有《湘江的怒吼——“五四”前后毛主席在湖南》《毛主席青少年时期锻炼身体的故事》《我们的师表——徐特立》等著作。

周世钊是湖南民盟的卓越领导人,他 1951 年 2 月加入中国民主同盟,任湖南省支部委员;1953 年当选为民盟中央委员;1957 年担任民盟湖南省委领导小组第一召集人;1958 年起历任民盟湖南省第三、四、五届委员会主委,直至逝世。在他担任湖南民盟主要领导人期间，正值国家多难、多党合作事业遭受重创之际，他坚持原则，秉笔直书，大胆建言，为发挥民主党派作用鼓与呼。

周世钊是第二、三届全国人大代表，第四届全国人大常委；第一、二、三届湖南省人大代表和省人民委员；政协湖南省第一届委员会常委，第二、三届委员会副主席。

谭丕模

——湖南民盟创始人之一，著名中国文学史家、思想史家

谭丕模（1899—1958），著名中国文学史家、思想史家，笔名披朦，湖南祁阳人，1937年加入中国共产党，1949年加入中国民主同盟。曾任民盟湖南省第一届支部副主委，湖南大学、北京师范大学中文系主任、教授。

谭丕模1922年考入北京高等师范学校（现北京师范大学）。1928年毕业后，任北平《新晨报》社会新闻和教育新闻副刊编辑部主任。后历任民国大学、朝阳大学、北京师范大学、中山大学、桂林师范学院、湖南大学教授，民国大学文学院院长和校务维持委员会常委等职。1937年经苏竞介绍加入了中国共产党，并任中共湖南省工委委员兼宣传部部长、教委主委等职。中华人民共和国成立后，先后担任湖南大学中文系主任、湖南大学党委委员、中南军政委员会委员等职。1950年7

月，任省文联筹备委员会主任委员。1953 年任北京师范大学中文系主任、文学院院长。1958 年 10 月 18 日，他作为中国文化代表团成员之一，随同郑振铎等同志飞赴阿富汗和当时的阿拉伯联合共和国（即“阿联”），途中因飞机失事而遇难，享年 59 岁。

谭丕模从小就深受民主革命思潮的影响。1919 年五四运动爆发，他组织了“永州联合会”，任会长，进行反帝反封建的爱国宣传活动。1926 年 3 月 18 日，他和 5000 多名爱国学生到天安门前集会，向段祺瑞政府请愿。军警枪击爱国学生，酿成震惊中外的“三一八”惨案。他负伤倒在血泊中，夜晚才从死尸堆里爬出。1927 年春他被捕入狱，两个多月后方获释。“九一八”事变后，他参加了中国共产党的外围组织——北平教联，又和吕振羽等在中共北平市委的领导下，组织了“北平自由职业者大同盟”“平津学生联合会”“北平作家协会”“北平文化界救国会”，积极支援、掩护进步学生，一度被国民党当局拘留。抗战中，他和翦伯赞、吕振羽等人在徐特立领导下，组建了“湖南省文化界抗敌后援委员会”和“中苏文化协会湖南分会”，创办《前进周刊》，积极开展抗日救亡运动。

谭丕模致力于用马克思主义的观点来研究中国文学史、中国思想史。著有《物观伦理学》《新兴文学概论》《中国文艺大纲》《中国文学史纲》《宋元明思想史纲》和《清代思想史纲》。《中国文学史纲》被誉为“中国近代脍炙人口的历史巨著”。1994 年，北京师范大学出版社出版了由谭丕模遗著汇编的《中国文学思想史合璧》，1999 年又出版了《文学史家谭丕模》，书画大师启功题词，称谭丕模是“革命的教育先师，殉身的文化使者”。

谭丕模是湖南民盟的创始人之一。1949 年 2 月,民盟湖南省支部筹委会改名为民盟湖南省支部执委会,他任支委委员。1952 年 10 月,民盟湖南省第一届支部委员会成立,他任副主委。1953 年因工作调动,谭丕模离开了湖南,但他为湖南民盟创建和早期发展所做出的贡献将永远被铭记。

林兆倧

——中国著名有机化学专家

林兆倧(1900—1960),化学家,四川绵阳县人,1952年加入中国民主同盟。曾任民盟湖南省委副主委,湖南师范学院(现为湖南师范大学)副院长、教授。

林兆倧1916年赴上海求学,初入上海圣约翰附中,后入上海南洋公学理科,参加了五四运动。1919年随留法勤工俭学会赴法,后转入英国利兹大学染料化学科。1922年春毕业回国。历任四川绵阳华英中学、广东梅县嘉庆大学预科、学艺中学、长沙工业专门学校教员,湖南大学化学系主任,成都大学化学系主任。1932年再度赴英进修,在伦敦大学帝国理工学院有机化学研究部做研究工作。1933年归国,历任北平大学工学院化学教授、女子文理学院化学系主任,四川省科学仪器制造所筹备主任兼化学组组长,华西大学制药系教授兼制药部主任、化学系教授,四川大学化学系主任,湖南大学化学系教授。中华人民共和国成立后,任湖南大学化学系主任,后任副教务长。1953年秋调任湖南师范学院筹备委员会副主任。1956年任湖南师范学院第一副院长、二级教授兼化学系代主任。

1957年林兆倧被划为“中右”[①]。1960年学术思想批判活动中，林兆倧受到批判，精神受到摧残，于1960年5月28日自杀身亡。1979年7月获平反。

林兆倧是我国有机化学权威，编著有《高等有机化学》，译著有《普通有机化学》等。他还先后担任中国化学会成都分会主席、中国科学院湖南分院副院长、湖南省科协副主席、湖南省化学化工会理事长、中国化学会长沙分会理事长等职务。

林兆倧是民盟中央第二、三届委员会委员，民盟湖南省第二、三届委员会副主委。林兆倧还是第一、二届湖南省各界人民代表会议代表，第一、二届湖南省人大代表和省人民委员会委员，政协湖南省第一、二届委员会常委。

---

① 按照当时“划分右派标准”，对有过不利于社会主义的言行，但不够右派的，不能划为右派，在内部定为“中右”分子。——编者注

卢惠霖

——中国试管婴儿之父，曾任民盟湖南省委主委、省政协副主席

卢惠霖（1900—1997），生物学与遗传学家、人类优生学家，曾用名卢高荣，湖北省天门县人，1956 年加入中国民主同盟。1980 年加入中国共产党。曾任民盟湖南省委主委，湖南省政协副主席，湖南医学院（今中南大学湘雅医学院）教授、博士生导师。

卢惠霖 1925 年毕业于岳阳湖滨大学，获文学学士学位，同年赴美国进修。初入海德堡大学，获理学学士学位。继入马萨诸塞州乌兹和尔海洋生物研究所进修胚胎学，随后入哥伦比亚大学研究生院进修细胞学、遗传学、实验胚胎学，1927 年获动物学硕士学位，1928 年到冷泉港海洋生物研究所攻读博士学位，1929 年秋因劳累过度致肺结核复发中止学业回国。回国后，先后任岳阳湖滨中学、长沙雅礼中学生物和化学教师，湘雅医学院寄生

虫科及生物学科副教授、教授、生物教研室主任等职。中华人民共和国成立后，先后任湖南医学院生物教研室主任、医学遗传研究室主任、人类生殖工程研究组组长和省科协副主席等职。他还先后担任卫生部医学科学委员会委员、卫生部高等医药院校医学专业编审委员会委员、中国遗传学会副理事长、《遗传学报》编委、中国遗传学会人类医学遗传学委员会主任、湖南省遗传学会主任等职。1997 年 3 月 18 日在长沙逝世，享年 97 岁。

卢惠霖是我国优生学的奠基人，被称为“中国试管婴儿之父”。他深刻认识到，要使遗传学研究达到促进民族素质提高的目的，必须采取积极的优生学措施——遗传工程。他向有关方面呼吁从两个方面着手进军遗传工程：一是选择健康精子，进行人工授精；二是引进人卵体外受精与胚胎移植技术。1981 年，湖南医学院成立了生殖工程研究组，卢惠霖任组长，开始冷冻精液研究，建立了我国第一个冷冻精子库。1983 年 1 月，我国首例冷冻精子人工授精婴儿在湖南医学院诞生。1988 年 6 月 6 日和 7 日，在湖南医科大学的两所附属医院，又分别诞生了我国第二例试管婴儿和第一例供胚胎移植试管婴儿。这些成就标志着我国生殖工程研究已跨进世界先进行列。供胚胎移植试管婴儿的研究成果于 1989 年获国家科技进步二等奖。

卢惠霖是我国医学遗传学的创始人之一。他在哥伦比亚大学研究生院即师从世界著名的实验胚胎学家、细胞遗传学的创始人摩尔根教授和威尔逊教授，深得两教授器重，是摩尔根教授面授的四名中国弟子之一。就读博士时，他通过实验，在生物界首先发现低等植物蕨类孢子母细胞亲锇小体。他据此撰写博士学位论文,因病归国未获博士学位。他先后编撰了《生物学讲义》《人体胚胎学讲义》《遗传与变异》《生物进化学》和《人类生殖与生殖工程》等著作。

卢惠霖是湖南民盟的卓越领导人。他先后担任民盟湖南省第三、四、五届委员会委员,第四、五届委员会副主委。1977 年 11 月,担任民盟湖南省委临时领导小组组长。1980 年 2 月到 1984 年 2 月,担任民盟湖南省第六届委员会主委。他还是民盟第三、四、五届中央委员会委员。

卢惠霖是第三、五、六届全国人大代表,第一届湖南省人民代表;政协湖南省第二届委员会常委,第四、五届委员会副主席。在人大和政协会议上,他多次提出有关高等教育、医疗卫生、经济建设、优生优育等方面的建议提案,吁请把关系到人类和民族素质的优生工程纳入国家重点科研项目。1983 年,在六届全国人大二次会议上,他提出的《制定优生法规,保护新一代儿童的健康出生,提高我国人口素质》的建议,得到 80 多位与会代表的联署,受到中共中央、国务院的重视。随后卫生部牵头组织起草《母婴保健法》,卢惠霖参与其中。1986 年 9 月 1 日,全国优生优育法规起草领导小组聘他为起草《中华人民共和国优生优育法》专家咨询组成员。

卢惠霖有 4 个女儿,均为教授级的高级知识分子。他的小女儿卢光琇,在父亲的指导下,也成了一位著名的生殖医学与医学遗传学家,被誉为“试管婴儿之母”。卢光琇总是说:“父亲对我的影响,不仅在于他把我领上了路,更在于他那种为科学和真理不惜牺牲一切的精神,始终在激励着我。”

2016年,为纪念和庆祝湘雅医学院诞辰100周年,中南大学拍摄了《百年湘雅·群星璀璨》专题电视纪录片,在中央电视台老故事频道"杏林纪实"栏目陆续推出,其中第十集题为《卢惠霖、卢光琇:人类遗传学专家》。

李淑一

——毛泽东诗友

李淑一（1901—1997），格律诗人，毛泽东诗友，又名伯仪、守一、桐园，湖南望城人，1951年加入中国民主同盟。曾任中央文史馆馆员、湖南文史馆馆员。

李淑一1915年3月随父亲李肖聃去北京，入直隶省女子师范学校。1917年返湘，就读于湖南省立第一女子师范学校。1920年9月又入长沙私立福湘女子中学求学3年。期间与杨开慧同学，结为挚友。经杨介绍与当时湖南农运领导人之一的柳直荀认识并相爱，于1924年10月与柳结为伉俪。婚后，在柳的影响和帮助下，李淑一接受了革命思想，曾掩护郭亮、李维汉等从事地下革命活动。1927年5月"马日事变"后，柳直荀被迫离开长沙，李淑一携子女回到娘家，以教书为生。1929年5月，柳从天津来信，打算接家小去北平。不料信被国民党当局查获，还从她家中搜出在背面写了"何日平胡虏，良人罢远征"的照片，李淑一因而被捕入狱。后经柳、李两家多方奔走营救，才得以出狱。1932年9月，柳直荀在湖北洪湖牺牲。此后，李淑一一直孀居，含辛茹苦抚育两个烈士遗孤长大成人。中华人民共和国成立后，她继续担任福湘女子中学国文教员，1959 年退休。1997 年 6 月 13 日逝世，享年 96 岁。

李淑一受家学熏陶，自幼习经史修诗文，具有很深的古典文学修养。数十年来多有诗词问世，辑有《桐园女士诗词选》。1962 年她被聘为湖南文史馆馆员，1977 年被聘为中央文史馆馆员。此外还担任了中国老年书画研究会顾问、毛泽东诗词研究会顾问等职。

李淑一是毛泽东的诗友。她和毛泽东的诗词唱和成为诗坛佳话。1957 年 1 月，毛泽东发表了 18 首诗词。李淑一读后有感，想起毛泽东早年曾写过一首《虞美人》词赠杨开慧，为此提笔给毛泽东写信，请毛主席把这首词写给她作为纪念。同时李淑一把她自己在 1933 年所写的思念丈夫柳直荀的《菩萨蛮·惊梦》词寄给毛泽东指正。词曰："兰闺索寞翻身早，夜来触动愁多少。底事太难堪，惊侬晓梦残。征人何处觅？六载无消息。醒忆别伊时，满衫清泪滋。"

1957 年 5 月 11 日，毛泽东给李淑一回信，信中说："大作读毕感慨系之。开慧所述那一首不好，不要写了吧。有《游仙》一首为赠。……我失骄杨君失柳，杨柳轻飏直上重霄九。问讯吴刚何所有，吴刚捧出桂花酒。寂寞嫦娥舒广袖，万里长空且为忠魂舞。忽报人间曾伏虎，泪飞顿作倾盆雨。"这就是惊天地、泣鬼神的名词《蝶恋花·答李淑一》。

1959 年 6 月 27 日，毛泽东在长沙蓉园宾馆接见了李淑一，和她单独合影。

康　德

——民国时期著名进步报人、知名湘剧作家

康德（1902—1967），著名报人，戏剧家，字则鸣，笔名庵真、懒残，湖南衡山（现衡东县）人，1926年加入中国共产党，1949年加入中国民主同盟。曾任民盟湖南省委常委、民盟长沙市委会（原市分部）主委等职。

康德1924年肄业于汉口明德大学政经系，1926年毕业于湖南大学法学系。北伐战争时期参加农民运动并加入中国共产党，“马日事变”后任感化院教师。1929年起从事新闻工作，历任《湖南民报》《晚晚报》《力报》《晨报》《大众晚报》《中国晨报》等报刊社长、总经理、总编辑等职。期间1939年任省国货陈列馆总务股长，1943年任邵阳昌明金矿公司经理。1945年后任湖南省财政厅预算委员会稽核、河南米捐征收局会计、湖南省教育厅民众教育委员会委员兼编辑，1947年任煤焦管理处长沙办事处视察、秘书、专员。中华人民共和国成立

后，先后担任省人民政府参事室参事、长沙市人民政府监察委员会副主任、市人民委员会委员、市文化局局长等职。1957 年被划为右派。1967 年 1 月逝世，享年 65 岁。1980 年获平反。

康德是民国时期的著名进步报人。“九一八”事变后，他主编的《晚晚报》以独立自主的方针，主张抗日、反蒋，抨击国民党弊政。1935 年，因揭发省银行库存现金大量外运和其他政治黑幕，该报被湖南省政府主席何键勒令永久停刊。编辑部被改组，康德被迫逃往南京。1936 年回长沙任《力报》总编辑，宣传抗日救亡思想。1938 年长沙“文夕大火”后，《力报》迁至邵阳，他通过《力报》和书刊服务部推销进步书刊，并举办“敌后报纸展览会”以扩大革命影响力。1940 年 5 月，《力报》被查封，康德被拘禁 6 个月。1947 年《晚晚报》复刊后，他复出任副社长兼总主笔，为反对内战、争取民主而大声疾呼。长沙和平解放前夕，他因在新闻界的威望被推举为长沙新闻从业者互助会理事长。

康德是知名的戏剧家，代表作有湘剧《追鱼记》《白兔记》，花鼓戏《赵癞子坐乾坤》《翠鸟衣》，为湘剧和湖南花鼓戏走上全国戏剧舞台做出了突出贡献。

康德是长沙民盟的创始人之一，从 1949 年 4 月起，参与民盟长沙市分部成立的筹备工作。1950 年 6 月长沙市第一次盟员大会召开，民盟市分部委员会成立，他被推选为主委，后历任民盟长沙市委第二、三、四届副主委。1950 年 2 月，民盟湖南省支部临时工作委员会成立，康德担任委员。此后，康德又担任了民盟湖南省第一届支部委员会委员、第二届委员会委员。

康德还是长沙市第一、二、三届各界人民代表会议代表，第

一、二届市人大代表，第二届省人大代表，第一、二、三届市各界人民代表会议协商委员会委员，政协湖南省第一届委员会委员，政协长沙市第一届委员会常委。

蒋挚夫

——对湖南和平解放有贡献者

蒋挚夫(1903—1955),原名蒋元斋,曾用名蒋昔非,化名王子安、侠然,湖南江华人,1925年加入中国共产党,1948年加入中国民主同盟。曾任湖南江华县和平解放委员会主任。

蒋挚夫1921年秋考入湖南省立第一师范,1923年加入社会主义青年团,1925年加入中国共产党。不久,被选为中共湘南特委委员。1926年被派到零陵县任农运特派员。1927年1月初,中共湘南特委调其到江华县任党务特派员,指导和协助江华党组织建立了中共江华县执委和改组国民党江华县党部。3月当选为江华县学生联合会主席。1930年9月考入国民党中央军校武汉分校第8期受训,1933年毕业。毕业后加入国民党,同年入黄埔军校,并加入特务组织"复兴社"任助理书记。1940年任道县国民兵团副团长、江华县抗日游击司令部参谋长。1946年任江华县简易师范学校校长。1947年任国民党陆军总司令部中校监察官。1948年任武汉行署、长沙绥靖公署上校监察官。中华人民共和国成立后,1949年11月底到长沙湖南革命大学学习。

1950年年初任省立第七中学(现永州市一中)校长。1952年在肃反运动中被抓,1955年11月被错杀,年仅52岁。1983年,湖南省高级人民法院为蒋挚夫平反。

蒋挚夫是久经考验的地下革命工作者,在湖南和平解放中做出了贡献。在湖南省立第三师范学校期间,他是团支部与学生会负责人,经常在进步学生中宣传新思想,组织团员和进步学生参加反封建和反军阀宣传、罢课和农村调查等革命活动。他介绍了黄克诚等人加入中国共产党(参见《黄克诚自述》)。1927年"马日事变"后,中共江华执委派他去永明、道县、宁远等县秘密联络农军,准备武装反击国民党当局。因被悬赏通缉而改名王子安潜往外地,此后与中国共产党失去联系。1949年5月,蒋挚夫受民盟湖南省支部执委会的派遣回江华,负责江华、道县、永明、宁远、新田、兰山、嘉禾7县地下民盟组织的组建与迎接解放工作。他先后在江华、道县、宁远发展76名地下盟员,建立了地下民盟组织,并做了大量策反工作。1949年11月5日,在蒋挚夫等人调停下,江华县邱企浠、涂天觉两派宣布起义,协议成立了由蒋挚夫任主任的"江华县和平解放委员会",接管政事,支援解放军南下广西,维护地方治安,保护各单位档案。11月15日,人民解放军顺利进驻江华,次日成立了江华县人民政府。蒋挚夫功成身退,专事教书育人。

易见龙

——中国输血救伤事业奠基人、现代血库创始人

易见龙（1904—2003），生理学家，我国输血救伤事业的奠基人、现代血库的创始人，国家一级教授，原名甲球，湖南汨罗人，1952年加入中国民主同盟，1956年加入中国共产党。曾任民盟湖南省委委员、湖南医学院（今中南大学湘雅医学院）副院长、教授。

易见龙1923年就读于湘雅医学院预科。1925年就读于湘雅医学院本科。1926年转学武昌中山大学医学院。1927年任武汉北伐军总政治部宣传科宣传员，后到广州东山陆军医院药局任司药。1928年到1933年在国立上海医学院学习。1933到1935年在上海雷士德医学研究所从事研究。1935年到1940年任南京中央大学医学院生理科讲师。1940年赴加拿大多伦多大学进修。1942年到1944年受聘于美国医药援华会，负责筹建血库。1943年6月任在纽约建立的中华血库主任。1944年5月回

到昆明,7 月建立“军医署血库”。1946 年任湘雅医学院生理科和药理科主任、教授。中华人民共和国成立以后,历任湘雅医学院副院长、沈阳中心血库主任、湖南医学院副院长兼生理教研室主任、血液生理研究室主任、湖南医学院顾问。1956 年获国家一级教授。他还先后担任中国科学院专门委员会委员,中国科学院巴甫洛夫学说委员会委员,卫生部医学科学委员会委员和生理学、输血及血液学专题委员会委员,中国输血协会名誉理事等职。2003 年 1 月 4 日在长沙逝世,享年 99 岁。

易见龙是我国现代输血事业的奠基人,曾两度为筹建中国现代血库而奔波。第一次是在 1941 年,他应美国医药援华会之聘,负责筹建中华血库。1943 年 6 月 7 日,由中国人主持的第一个血库在纽约宣告成立,半年之内献血者达 1157 人。1944 年 2 月 9 日,他率全体人员,携带仪器设备 200 余箱以及所制得的干血浆,历经艰难险阻辗转回国,建立了我国第一个血库“昆明血库”,为抗日救亡做出了重大贡献。第二次是在 1952 年,他奉中央军委卫生部委派担任顾问,会同沈克非等人赴沈阳筹建中心血库,短期内便建立起中华人民共和国成立后的第一个大型血库,并对军医进行了专业培训。

易见龙长期致力于消化生理和循环生理方面的研究,其研究成果如肝脏在糖代谢中的作用、延髓交感神经抑制中枢的存在等被国内外主要生理学教材引用。他对美籍华人 ABO 血型和亚型、MN 型及 Rh 型血型的调查以及对中国人 Rh 因子分布的调查等被学术界称赞。1996 年,他被授予首届“湖南科技之星”称号。

易见龙历任民盟湖南省第一届支部委员会委员，第三、四、五届委员会委员。

易见龙是第二届湖南省各界人民代表大会代表、湖南省人民代表。

林筱周

——著名耳鼻咽喉科专家

林筱周(1904—1975),耳鼻咽喉科专家,福建武平人,1953年加入中国民主同盟,1956年加入中国共产党。曾任湖南医科大学附属医院(现中南大学湘雅医院)副院长、教授。

林筱周1936年6月毕业于湘雅医学院,毕业后留校担任助教、住院医师和总住院医师。抗日战争时期,参加了中国红十字会抗日救亡工作,并成为中华医学会会员。1938年12月至1941年1月,任中国红十字会救护一队队长及五官科医生,辗转于湖南祁阳、衡阳及广西柳州。1941年2月至1945年7月,返湘雅医院任耳鼻喉科讲师,担任贵阳中央医院、贵阳省立院、重庆陆军医院的耳鼻喉科主治医师和讲师。1945年8月至1948年7月,先后任国立湘雅医学院耳鼻喉科副教授、长沙省立医院耳鼻喉科主任、长沙天主堂医院耳鼻喉科专科医生。中华人民共和国成立后,任湘雅医院副院长兼耳鼻咽喉科主任、教授。1950年12月专任湘雅医院耳鼻咽喉科主任兼医务处主任。1956年3月任湖南医学院附一院(今湘雅医院)副院长。他还先后担任中华医学会耳鼻咽喉科学会委员、中华耳鼻咽喉科杂志编委、中华医学会湖南分会理事及湖南省耳鼻咽喉科学会主任委员等职。1975年2月23日在长沙逝世,享年71岁。

林筱周毕生从事耳鼻咽喉科医疗、教学和科研工作,建树颇丰。他在我国最早报道鼻硬结病,对喉白喉及其所致的喉源性呼吸困难做过深入的临床探讨。在缺少器械的情况下,他自制小儿支气管镜和异物钩,解决了小儿气管异物取出的某些难题。他带头积极学习国外经验,仿制丙烯树脂Y形声门下扩张管,大大提高了声门下喉及气管瘢痕狭窄置管持续扩张手术的疗效。20世纪50年代末期,他提倡以“茎突症丛”代替“基突过长”的临床概念,在经扁桃体窝的茎突部分切除术中,创造性地采用筛窦环形括匙进行牵引、剥离和暴露,大大地简化了手术。60年代初,他自制人工蹬骨安装器、蹬骨足板至砧骨长脚间的测距器等多种耳显微手术器械,简便实用。70年代初,他用蜡片制成可由病人自己使用的顺行食管扩张探条,为某些顽固性食管狭窄的治疗增添了简便有效的手段。1958年,林筱周被授予全国“医药卫生技术革命先锋”称号;同年10月出席在莫斯科召开的全苏第五次耳鼻咽喉科医师代表大会。

林筱周医学著述主要有《鼻硬结病》《耳鼻喉科器械自制法》《蹬骨切除术治疗耳硬化症性耳聋的初步体会》等15部(篇)。1958年,他担任主译、主校,翻译、出版了苏联高等医学院校教材

《耳鼻咽喉科学》和全苏第五次耳鼻咽喉医师代表大会论文集，填补了当时国内教材和专科文献的空白。20 世纪 60 年代，他组织全科成员承担《国外医学耳鼻咽喉科学分册》英、俄学术期刊文摘组稿工作，后担任全国百科全书颈部疾病学的主编。

林筱周曾任民盟湘雅区分部委员兼组织委员。

林筱周是第三届全国人大代表。

蓝肇祺

——民国时期进步报人

蓝肇祺（1905—1998），报人，湖南民盟的创始人之一，原名蓝英鸿，湖南省酃县（今炎陵县）人，1948 年加入中国民主同盟。曾任民盟湖南省委委员、湖南省人民政府参事室参事、长沙市工商联副主委。

蓝肇祺 1925 年赴长沙考入湖南贫民工艺厂，半工半读。次年考取湘江中学，旋转入毛泽东创办的湖南农民运动讲习所，期间加入中国共产主义青年团。1927 年考入湖南乐群会计专业学校。1928 年底毕业，到湖南省国货陈列馆任会计。1942 年 9 月调重庆任物资食油管理处总务科长。次年 4 月任经济部燃料管理处总务室主任。抗战胜利后返湘任经济部燃料管理处湘鄂赣区分处副处长兼驻长办事处主任。1946 年起从事新闻工作。1950 年 6 月任湖南省人民政府参事室参事。1957 年 9 月被划为右派，次年 11 月被判处有期徒刑五年。1979 年 6 月获平反，先后担任民建省委委员、省工商联委员、长沙市工商联副主委等职。1998 年 6 月在长沙逝世,享年 93 岁。

蓝肇祺是湖南较早加入中国民主同盟并从事革命宣传工作的进步报人之一。1946 年 6 月,他在中国共产党和民盟地下组织的领导下,担负起进步报纸《晚晚报》的复刊任务。该报是长沙商会主办的一家民办报纸,1935 年因揭露湖南省银行的大贪污盗窃案,被湖南省政府主席何键勒令永久停刊。1947 年 2 月,在蓝肇祺等人的努力下,《晚晚报》终于复刊,他任社长,多名编辑、记者和部门负责人均由中共地下党员担任。该报因经常报道解放区革命形势并揭露国民党政府黑暗统治,被国民党当局警告和查封多次。湖南和平解放前夕,他受命一方面做好工商企业和报社的护产保厂工作;另一方面积极支援起义部队,与部分盟员一起,筹资购买了一批药品和收发报机,托人秘密送往湖南人民解放总队湘中第一支队驻地,为推动湖南和平解放做出了贡献。1950 年 2 月,他受命前往香港,动员了多名旅港的长沙工商界知名人士和科技人员回湘参加祖国建设。

1948 年 5 月,蓝肇祺经周新民、李相符介绍加入中国民主同盟。1949 年 4 月蓝肇祺筹办民盟湖南省支部机关报《民主报》。同年 8 月《民主报》创刊发行,该报为宣传中国共产党的方针政策和中心任务做出了不可磨灭的贡献。

廖六如

——知名翻译家、朝鲜板门店谈判中方翻译

廖六如(1906—1968),知名翻译家,湖南益阳人,1952年加入中国民主同盟。曾任民盟湖南省委常委、民盟长沙市委主委,湖南师范学院(今湖南师范大学)外语系主任、教授。

廖六如1935年毕业于燕京大学西语系。曾任长沙广益中学、明德中学、武岗洞庭中学英语教师,1947年起任湖南大学讲师,1951年任副教授。后调往石家庄解放军外语学院工作。1955年任教于北京外国语文专门学校。1957年回长沙,担任湖南师范学院外语系代理主任,1960年起任主任。1968年5月去世,享年62岁。

廖六如是著名的英语专家和翻译家,著有《高中基本英文》三卷。1951年10月在板门店举行的朝鲜停战谈判中,他担任中方翻译。1956年中国共产党召开第八次全国代表大会,他是大会文件英文翻译者。

廖六如在政治上要求进步,中共省委宣传部和统战部曾经称他为“党外民主人士左派的旗帜”。早在解放初期,他就以军代表身份,被派往邵阳接管了湖南省立第六中学(今邵阳市一中),任副校长。几个子女在抗美援朝中先后参加革命工作,他成了送子参军的先进人物。

廖六如曾任民盟湖南省第三、四、五届委员会常委,民盟长沙市第五、六、七届主委。

廖六如是政协湖南省第二届委员会委员。

罗皑岚

——知名作家、外国文学研究专家

罗皑岚(1906—1983),作家,外国文学研究专家,本名罗正焯,笔名山风、山风大郎、岂风、溜子、飞来客等,湖南湘潭人。1952年加入中国民主同盟。曾任湖南师范学院(今湖南师范大学)教授。

罗皑岚1920年考入长沙明德中学,开始阅读《新青年》《湘江评论》等进步书刊,接受新思想的熏陶。1922年考入北京清华留美预科学校,1929年赴美留学,先在斯坦福大学读本科,后进哥伦比亚大学研究院研究英美文学,兼《美洲民众日报》翻译。毕业后去欧洲,游历了英、法、德、意等国的几所著名大学。1934年回国,任南开大学外文系教授。抗战时期,清华、北大、南开在长沙联合成立长沙临时大学,他任文学院教授。后来三校迁往昆明,他留居湖南,任湖南大学外文系教授兼系主任。1953年院系大调整,出任湖南师范学院中文系教授。1960年转入外语系。1983年4月在长沙逝世,享年77岁。

罗皑岚是我国现代文学史上的知名作家。著名学者罗念生曾说："罗皑岚是中国现代文学史上'五四'以后第一批有所成就的作家之一。"(《二罗一柳忆朱湘·引言》)1925年，他参加清华文学社和清华戏剧社，成员先后有梁实秋、吴文藻、闻一多、朱湘、孙大雨、李健吾等，受到吴宓、杨振声、王文显、朱自清、俞平伯诸先生的扶持和指教。1935年，他与柳无忌、罗念生等人组织"人生与文学社"，出版《人生与文学》杂志和丛书。他擅长小说，尤擅短篇。他是清华文学社诸小说作家的代表，出版过短篇小说集三本：《招姐》《六月里的杜鹃》和《红灯笼》；出版长篇小说两部，即《苦果》和《清白家风》，产生了广泛的社会影响，受到了文艺界的好评。《苦果》发表之时，曾经引起轰动，并被改编成评剧上演，场场座无虚席，演出长达一月有余。此外，罗皑岚还发表过数十篇小说、诗剧、随笔、通信和译作。鲁迅先生曾肯定过他的短篇《中山装》："来稿是写得好的，我很佩服那辛辣之处。"(《鲁迅书信集》上卷，第202页)1989年，人民文学出版社出版了他的一部选集《诱惑集》。

罗皑岚学贯中西，长期致力于外国文学讲授和研究。在湖南大学担任外文系主任时，在他的努力下，外文系不仅语种齐全(英、法、德、日、俄诸语种都有教授)，而且名家云集，如研究希腊文学的罗念生，法国文学专家、翻译家李青崖，英语史学翻译家谢德风以及德语教授王舒，英语教授胡子安，俄语教授曾纪绥，日语教授张秀勤等。1953年全国高等院校大调整，湖大撤销。湖南师范学院初建时没有外文系，他被分配到中文系教外国文学，同时给历史系、教育系的学生开外国文学作品欣赏课，他"单枪匹马”,却同时“唱三台戏”,深得学生的好评。

罗皑岚在1957年被划为右派,“文革”中遭受迫害。但他始终相信正义终将战胜邪恶。1976年“四人帮”垮台,正值他七十大寿,他兴奋不已,提起歇息多年的笔,赋诗一首:“秋菊春兰七十年,敢伤迟暮惜华颠。胸怀换骨心犹在,志切传薪信愈坚。堂下稚孙纷戏绕,厨中老伴为烹鲜。晓霞一抹红如锦,又卜明朝大好天。”当时他疾病缠身,但仍奋力笔耕,写出了一批极有价值的回忆录,如《柳无忌介绍》《朱自清在南开》《朱湘的书籍》《忆朱湘》等。对于校内外慕名前来的求教者,他总是热情接待,竭力释疑解惑。一位外地的中年学者,用英文写出了一本《英美文学史》,其中有些问题,他遍访北京、南京几所高校的专家均未果,最后向罗皑岚请教。罗老给了他详尽的解答。求教者感叹说:“想不到湖南师院有一位这么高明的英美文学专家!我的问题他给圆满地解决了!”

罗皑岚为人正派、是非分明,对于投机取巧者,沽名钓誉者,趋炎附势、阿谀奉承、吹吹捧捧者,均嗤之以鼻,而对老老实实做学问的人,则非常尊重。刘重德先生是翻译理论研究专家,1938年于西南联大毕业,1946年升为副教授,其论文、专著迭出,成绩斐然。但刘重德在晋升教授时,受到个别人的无理刁难。罗皑岚挺身而出,仗义执言,终于促成刘重德在当了32年副教授、年过64岁的时候升为教授。此事一时传为佳话。

罗皑岚曾任民盟湖南省第三、四届委员会委员。

赵天从

——中国现代锑冶金事业开拓者

赵天从(1906—1995),冶金学家,我国现代锑冶金事业的开拓者,河北省赵县人,1953年加入中国民主同盟,1983年加入中国共产党。曾任中南矿冶学院(今中南大学)冶金系副主任、教授。

赵天从1927年考入天津北洋大学工学院矿冶系,1933年毕业后在南京国民政府资源委员会矿业调查处任职。1937年至1939年在伦敦帝国大学理工学院学习。1940年至1946年任湖南冷水江纯锑精炼厂和锑品制造厂厂长兼工程师。1947年任湖南锡矿山工程处主任和锡矿山矿务局副局长。1949年5月,在中共地下党领导下,锡矿山成立了“护矿委员会”,他担任副主任。1949年9月30日锡矿山解放,留任工程处主任。1950年工程处改组为锡矿山矿务局,任副局长。1951年初,调北京任中财委中央计划局重工业处工程师。1952年中财委改组,调往北京工业学院冶金系任教授。同年10月全国院系调整，调中南矿冶学院，历任冶金系教授兼重金属冶金教研室主任、冶金系副主任。他还担任中国科学院长沙矿冶研究所研究员、国家科委冶金学科组成员、湖南省环境科学学会顾问、湖南省锡矿山矿务局技术顾问、湖南省有色金属学会名誉理事等职。1995年，赵天从逝世，享年89岁。

赵天从是我国现代锑冶金事业的开拓者。20世纪40年代初，他研制出“吹碱氧化法精炼纯锑工艺”和“间接法制取锑白工艺”。80年代中，又首创了“氧化—水解法制取锑白工艺”。晚年潜心著述，主要作品有《有色金属提取冶金手册》(350万字)、《重有色金属冶金学》(两卷，80万字)、《查阅外文冶金文献参考资料手册》(50万字)以及专著《锑》(62万字)和以其主体部分译成英文出版的《锑冶金》。他还参加了《中国大百科全书·采矿冶金学卷》的编审工作，为该卷撰写了部分条目。《锑》在冶金工业出版社出版后，获1999年第五届全国优秀科技图书一等奖，评委们公认其是“一部锑的小百科全书”，是“具有国际水平的图书”。

赵天从致力于培养国家高级人才，是全国首批博士生导师之一。他处处甘当人梯，极力扶掖后人，其“点燃自己，照亮别人”的精神，有口皆碑，当时中南工业大学的名誉校长陈新民评价道：“他是学校的第一圣人！”作为冶金界元老，慕名向他求教的人络绎不绝，他无论老幼亲疏，一一热情解答，若有当场解答不了的问题就到图书馆摘抄资料寄给对方。在数以百计的他人作品上，他花费了无数个不眠之夜。著书立说，他尽量吸收中青年教师参加，大家都说：“和赵老师一起编书，是最实际的锻炼，对专业知识、教学方法、外语水平和写作能力,都有全面的提高。”他指导研究生完成的氯化水解法生产锑白技术,被评为湖南省1986年度十大科技成果之一。1993年,他荣获湖南省人民政府颁发的首届徐特立教育奖。他把全部奖金捐献出来设立赵天从奖学金。

赵天从曾任政协湖南省第四、五届委员会常委。

杨荣国

——湖南民盟创始人之一，著名哲学家、历史学家

杨荣国（1907—1978），哲学家、历史学家，湖南民盟的创始人之一，笔名杨天锡，湖南长沙人，1938 年加入中国共产党。1946 年加入中国民主同盟。曾任民盟中央委员、民盟湖南省委副主委、湖南省人民政府委员。

杨荣国 1925 年考入上海群治大学。1929 年毕业后回长沙任中学教师。1931 年参加抗日救亡活动。1937 年担任长沙文化抗日协会理事。1938 年 10 月至邵阳与谭丕模、张天翼主办《观察日报》，宣传抗日救亡。1939 年担任桂林文化供应社编导，1941 年秋到重庆“计政班”当教员。1944 年被聘为迁到重庆办学的东北大学的教授。抗日战争胜利后，受聘为广西桂林师范学院教授。1946 年 7 月，因支持学生运动被捕，关押于南宁第一监狱，后经营救获释。中华人民共和国成立后，任湖南大学文学院院长兼历史系主任、湖南省人民政府委员。

1953年秋调入中山大学历史系，任历史系中国史教研组主任。1956年6月任中山大学历史系主任。1960年任哲学系主任，1973年任哲学系革命领导小组组长，1974年起任中山大学革委会副主任。他还先后担任中国科学院历史研究所研究员、广东省历史学会会长等职务。1978年8月22日逝世，享年71岁。

杨荣国对中国思想史、哲学史的研究有较深造诣。主要著作有《孔墨的思想》《中国十七世纪思想史》《中国古代思想史》《谭嗣同哲学思想》等，还主编了《简明中国思想史》《简明中国哲学史》等。《中国古代思想史》《谭嗣同哲学思想》还被译成俄文，在苏联出版。2002年和2004年，中山大学出版社先后出版了《杨荣国教授学术论文选》和《杨荣国文集》。

杨荣国是民盟早期活动骨干，也是湖南民盟的创始人之一。1946年，他在重庆加入中国民主同盟。抗战胜利后，任广西桂林师范学院教授，期间任民盟广西支部委员。1946年召开重庆政协会议时，担任民盟参加和谈代表团顾问。1947年，他与中共地下组织一起领导了著名的“六二”广西学生反迫害、反饥饿爱国民主运动。7月15日，在南宁遭到国民党当局逮捕，民盟总部主席张澜致函国民党行政院长张群，要求其命令各地方官吏将桂林、南宁、八步等处被捕的盟员一律释放。1948年5月20日，杨荣国与张毕来获释。出狱后，他又带领盟员参加师院学生、教授驱赶院长的民主运动。1948年10月，民盟广西区支部组成五人领导小组，杨荣国为主要负责人。1949年4月，杨荣国离开广西，回湖南参与湖南民盟支部的筹建。1949年2月，他担任民盟湖南省支部执委会委员。同年11月，被增选为民盟第一届中央委员。1950 年 2 月担任民盟湖南省支部临时工作委员会副主委。1952 年 10 月,民盟湖南省第一届支部委员会成立,他担任副主委。他还担任民盟长沙市委第二届主委。

杨荣国曾任第四届全国人大常委会委员。

董每戡

——著名剧作家和戏剧学家，湖南民盟早期重要成员

董每戡(1907—1980)，戏剧家、戏剧史研究专家，原名董国清，又名董华，浙江温州人，1925年加入中国共产党，1945年加入中国民主同盟。曾任民盟湖南省支部执委会委员、湖南大学教授。

董每戡1926年毕业于上海大学。1927年8月受中共指派，回温州从事革命工作。不久，由于叛徒告密，遭通缉，走避农村。第二年赴上海，东渡日本，进日本大学研究院专攻文学与戏剧。1929年年底返国，任教于上海剧专。20世纪30年代初加入中国左翼作家联盟、左翼剧联。抗战初期参加演剧队到各地巡回演出，宣传抗日救国，并创作不少抗日主题剧本。1943年转入教学工作，任教于四川三台东北大学、金陵女子文理学院、大厦大学、上海戏剧专科学校等院校。中华人民共和国成立后，到湖南大学中文系任教。1953年，全国高校院系调整过程中转中山大学任教。1957

年被划为右派，1968 年被迫迁居夫人故里长沙。“文革”中受到冲击。1978 年获平反，回中山大学执教。1980 年 2 月 13 日逝世，享年 73 岁。

董每戡自幼爱好戏剧，自谓“八亿人中一戏迷”。早年从事戏剧创作。在加入“左联”时期，他创作了《C 夫人肖像》《饥饿线》《黑暗中的人》《典妻》等作品。其中《C 夫人肖像》发表后，引起艺术界的关注，得鲁迅赞许。上海剧专演出该剧时，鲁迅特前往观看，并加鼓励。抗战时期，他创作了《神鹰第一曲》《保卫领空》《孪生兄弟》《孤岛夜曲》《秦淮星火》等作品。《保卫领空》一剧曾在温州演出，轰动一时。后转向戏剧史研究，著有《中国戏剧简史》《西洋戏剧简史》《西洋诗歌简史》《琵琶记简说》《三国演义试论》《戏剧的创作和欣赏》《说剧》《五大名剧论》等，在戏剧研究史上树起一座丰碑。1999 年，广东高等教育出版社出版了《董每戡文集》，收录了他大部分遗著精品，共三大卷 200 万字。

董每戡性格刚正不阿，一生坎坷，却矢志不渝。他在逆境中坚持戏剧研究，自 1959 年至 1965 年间，写成《中国戏剧史》《五大名剧论》《李笠翁曲话论释》《明清传奇选论》，增补《说剧》《三国演义试论》，总共 200 多万字。“文革”中，他连续不断遭到批斗，多次被抄家，所有的书籍和手稿，毁于一旦。1979 年获平反后，他全力整理幸存的手稿，着手重写中国戏剧史。赋诗云：“噩梦醒时天已明，荆丛斩尽见前程。自珍腕底留奇气，彩笔精描未了生。”

1945 年夏，董每戡由章伯钧、周新民介绍加入中国民 主同盟。他是湖南民盟早期骨干。1949 年 2 月,他任民盟湖南省支部执委会委员。1950 年 2 月,他任民盟湖南省支部临时工作委员会委员。1953 年调中山大学后,他曾任民盟广东省委委员。

黎光煦

——中国放射学开山鼻祖之一

黎光煦(1907—1992),放射学家。曾用名黎雄飞,湖南浏阳人,1957年加入中国民主同盟。曾任民盟湖南省委委员、湖南医学院附一院(今中南大学湘雅医院)教授、放射学教研室和放射科主任。

黎光煦1929年考入湘雅医科大学,毕业后留学美国,1937年获美国康州医学博士学位,同年成为中华医学会会员。后受聘于南京中央医院,历任放射科副主任、主任。抗战中,南京陷落,随中央医院辗转迁至贵阳。1944年被选派公费留学美国密执安大学医学院,进修放射诊断学。1948年回长沙湘雅医学院任教,创建放射诊断学教研室,次年受聘为放射学教授。中华人民共和国成立后,担任湘雅医学院附属医院放射科和放射学教研室主任。1956年,他作为我国早期的几名放射学博士研究生导师之一,开始培养研究生。1956年9月,国家高教部公布他为首批二级教授。"文革”期间遭受迫害。粉碎“四人帮”后，继续担任湖南医学院附一院放射学教研室和放射科主任职务，1987 年退休。1992 年 9 月 3 日逝世，享年 85 岁。

黎光煦五十年如一日，奋战于放射学科医疗、教学和科研第一线。20 世纪 50 年代中期，他下矿山，对肺矽病做调查研究，参加了国家第一届肺矽标准制定会议，提供了肺矽分期标准的初步方案。60 年代后，他重点研究神经放射学，在国内首先开展了碘油脑室造影，所撰《碘油脑室造影的临床应用及其 X 线分析》及《正常第四脑室阳性对比剂（碘苯酯和碘酞葡胺）造影的 X 线表现》等论文，获省级科研成果奖。70 年代初，CT 问世，他敏感地意识到这将是放射学历史上的一次变革，于 1975 年在国内刊物上首次报道 CT 情况，在《国外医学·神经病学、神经外科学分册》上发表了《电子计算机辅助的 X 线体层扫描（综述）》一文，促进了我国应用 CT 的进程。20 世纪 80 年代初，在他极力呼吁下，湘雅医院较早引进了两台 CT 机，开展脑水肿的 CT 研究，获得了重要突破。他还先后被推选为中华医学会放射学会委员、湖南省放射学会主任委员，中华放射学杂志、临床放射学杂志、影像诊断与介入放射学杂志的编委和顾问。

黎光煦极为重视放射学人才的培养。在中央医院工作期间，开办放射医师和技术员训练班，培养了大批放射工作人员。甚至在百忙中他仍抽身为当时迁至贵阳的湘雅学生讲授放射诊断学课程。20 世纪 50 年代，受卫生部委托，他先后在长沙牵头举办了两届全国放射诊断医师班、一届放射技师班和两届肺矽诊断培训班。后来这批学员大多成为我国放射学界的中坚力量和知名学者。他还编写了《放射学讲义》《放射学》《放射诊断学》,为我国的放射学教材建设做出了较大贡献。

黎光煦先后担任民盟湖南医学院支部副主委,民盟湖南省第六、七届委员会委员,第八届委员会顾问。

黎光煦是政协湖南省第二至第六届委员会委员。

陈新宪

——毛泽东农民运动考察活动陪同者、

邵阳民盟早期领导人

陈新宪(1907—1999),湖南新邵人。1925年加入中国共产党,1956年加入中国民主同盟。曾任政协邵阳市委员会副主席、民盟邵阳市委主委。

陈新宪1923年考入长沙兑泽中学。此后一直在中共湖南省委的领导下秘密开展工作。1928年10月东渡日本留学。1932年夏从日本返回上海,与党组织失去联系。此后,先后担任过浙江省缙云县财政科长、安徽省铜陵县营业税局局长、国民党军队中校秘书、国民革命军第五十军战地服务团团长、一四四师政治部副主任等职。1947年移居长沙,先后担任湖南省政府议员、湘乡田粮处长等职。中华人民共和国成立后,陈新宪先后任邵阳专署文教科督学、市二中副校长、市科协主席。1959年被划为右派,摘帽后调市图书馆工作。1968年被下放江北园艺场劳动改造。1979 年获平反后，先后当选政协邵阳市委员会副主席、政协湖南省委员会委员。1993 年离休。著有《蔡松坡在日本》《蔡锷年谱》等。1999 年 3 月逝世，享年 92 岁。

陈新宪是久经考验的革命工作者。在求学期间，他先后加入中国国民党、中国社会主义青年团、中国共产党，并成为学运骨干成员。1926 年 9 月，他以湖南省总工会特派员的身份被派往衡山工作。1927 年 8 月，中共湖南省委派陈新宪回宝庆（今邵阳市）协同贺旭筹建中共湘西南特委，组织年关暴动。他回到太芝庙，建立了中共太芝庙党团联合支部，在龙山矿工和当地农民中秘密开展工作。1928 年春，在中共安化县委的策动下，驻安化县蓝田的梁营官兵宣布起义，陈新宪带领一支队伍前去接应，成立了工农革命军湘西南独立第一师，任代理党代表兼政治部主任。1949 年春，在中共湖南省工委的指示下，陈新宪发起组织了"新民主主义研究会"等中共外围组织，为邵阳和平解放做出了贡献。

陈新宪以曾陪同毛泽东考察农民运动而载入史册。1927 年 1 月，毛泽东到衡山考察农民运动，中共衡山地委派陈新宪等人赴岳北迎接并陪同考察，帮助抄录、整理湘潭、湘乡、衡山三县考察资料，这些资料后来均被毛泽东写入《湖南农民运动考察报告》。一些回忆文章记载：那时陈新宪刚满 20 岁，长得虎背熊腰，浓眉大眼，毛泽东一见面就称他为"猛子"。毛泽东在衡山考察期间，正是冰封雪飘的深冬。一天，因道路结冰，毛泽东一个闪失，崴了脚踝，走起路来一跛一跛的。两个年轻人看不过去，要背毛泽东，毛泽东先是坚决不答应，后来实在疼痛难忍，便对陈新宪说:“猛子块头大,就辛苦猛子背一阵,再我自己走一阵。”陈新宪背着同样高大的毛泽东,憋足劲一气背出好远。毛泽东一再要下来自己走,陈新宪才把他放下来。

陈新宪是邵阳民盟的创始人之一。1956 年他经李鳌和张禹勤介绍加入中国民主同盟,随即和胡子康一道开始了邵阳民盟的筹建工作,他先后介绍 30 余人加入民盟。1957 年 2 月,民盟邵阳市筹委会成立,他担任副主任委员。1957 年 6 月,民盟邵阳市委正式成立,他任副主委兼组织部部长。1978 年拨乱反正后,他负责邵阳民盟组织的恢复工作,先后当选为民盟邵阳市委主委、政协邵阳市委员会副主席、政协湖南省委员会委员。

白玉衡

——中国采矿工程和矿山测量开拓者

白玉衡(1908—1970),地质矿冶专家,山西清徐县人,1956 年加入中国民主同盟。曾任民盟湖南省委委员,中南矿冶学院(今中南大学)机电系与采矿系主任、教授。

白玉衡 1925 年从南开中学毕业后在吉林宁安县教小学一年。1926 年 8 月赴日本留学,入东京东亚日语补习学校,1928 年考入日本文部省直辖水产高等学校理科。1931 年毕业,再考入东京帝国大学采矿系,1934 年毕业,获工学学士学位,留研究院继续学习。在东京帝国大学学习期间,曾参加留日学生同学会。1935 年回国,应聘为广东省立襄勤大学地质系教授。1936 年在襄勤大学集体加入国民党。1938 年襄勤大学改为广东省立文理学院,他仍任地质系教授。1937 年"七七事变"后,携眷离开广州,至广西梧州、藤县等地。1941 年应聘为广西大学工学院采矿系教授,后任采矿系主任。1952 年全国院系调整时，调中南矿冶学院，先后任机电系、采矿系主任及院工会主席。1960 年出席湖南省文教系统群英大会。1970 年在长沙逝世，享年 62 岁。

白玉衡是我国采矿工程和矿山测量的开拓者。他才华早露，27 岁起就在高等学校任教授，曾担任过采矿设计、采矿工程、矿山机械、矿山测量、砂矿采矿法等课程的讲授，还担任矿物学、矿床学、金属采矿法等课程的教学工作，对地质采矿和矿山机械颇有研究，通晓日、英、德、俄四国语言。1939 年，他在广东省连县从事中泥盆纪地层研究，发现广东连县的煤层。1941 年，他在广西龙胜县发现了锌、钨矿床。编有《采矿工程》及《矿山测量》讲义，译著有《采矿工程学》《矿山测量》等。

白玉衡是民盟湖南省第四、五届委员会委员，担任过民盟中南矿冶学院支部主委。

白玉衡曾当选第二、三届湖南省人大代表以及湖南省人民委员会委员。

杨伯峻

——湖南民盟创始人之一、著名语言学家

杨伯峻(1909—1992),语言学家,湖南民盟的创始人之一,原名杨德崇,湖南长沙人,1926年加入中国共产党,1948年加入中国民主同盟。曾任湖南民盟机关报《民主报》社社长、北京大学教授。

杨伯峻1926年考入北京大学中文系,1932年毕业,获文学学士学位。此后曾历任中学教员、冯玉祥将军研究室成员、广东中山大学讲师。1948年任中共长沙工委书记。中华人民共和国成立后,曾任湖南省政协秘书处处长、中共湖南省委统战部办公室主任。旋调任北京大学中文系副教授。1957年被划为右派。调任兰州大学中文系副教授、教授。1960年调回北京,历任中华书局编辑、北京大学历史系教授。“文革”中随中华书局全体干部下放湖北咸宁干校,1972年回到北京。他还曾担任中国语言学会理事、国务院古籍整理出版规划小组顾问等职。1992年5月13日在北京逝世,享年83岁。

杨伯峻是著名语言学家杨树达的侄子，又曾拜国学大师黄侃为师，成为“黄门弟子”。1932年春天，杨树达带着侄子杨伯峻去拜黄侃为师。按照当时的礼节，拜师要奉上红纸封套装十块大洋，还得向老师磕头。杨伯峻是新式青年，本不愿磕头，但是杨树达说：“季刚学问好得很，不磕头，得不了真本领。你非磕头不行。”出于无奈，杨伯峻只好跪下去磕了一个头。黄侃便说：“从这时起，你是我的门生了。”

杨伯峻在古汉语研究等方面贡献卓著。著有《中国文法语文通解》《文言语法》《文言文法》《文言虚词》《古汉语虚词》《春秋左传词典》等。其中《中国文法语文通解》一书，被认为“促进了古代汉语语法研究与现代汉语语法研究的分野”。《文言语法》是中学语文教学和阅读古汉语作品的一部很好的参考书。在古籍的整理、注释和译注方面，著有《列子集解》《论语译注》《孟子译注》《春秋左传注》等。其中以《论语译注》一书影响最大，《论语译注》曾被香港、台湾翻印，被日本的两所大学用作教材。其《春秋左传注》1981年3月由中华书局出版，受到海内外学术界的高度重视和广大读者的欢迎。《春秋左传注》1990年5月修订再版，1992年荣获“全国首届古籍整理图书奖”一等奖。

杨伯峻专注于学问，到了焚膏继晷、废寝忘食的程度。20世纪70年代末，年事已高的他住在北京东城区北牌坊胡同的一所宅院中，正致力于撰写上百万字的《春秋左传注》。一天早上，中华书局的同志突然接到杨伯峻家属打来电话，说杨先生起床进了厕所之后，便一直没了声息，叫也叫不应，敲门也敲不开，只好打电话给书局，希望赶紧派工人把家中的厕所门打开。工人到了之后，很快就把门打开了，令人吃惊的是，杨先生还坐在马桶上熟睡。后来同事问杨先生怎么回事，他笑着说："困呗！"

杨伯峻是湖南民盟的创始人之一。1949 年元月，民盟湖南省支部筹委会成立，他是筹委会委员。后历任民盟湖南省支部执委会委员、临时工作委员会委员。1949 年 8 月，民盟湖南省支部创办了《民主报》，由杨伯峻任社长，与稍后由中共湖南省委创办的《新湖南报》相互呼应，大力宣传中国共产党的方针政策，在办报经费极为困难的情况下坚持了一年多，共出版 482 期，得到了中共省委和社会各界的充分肯定。

潘世宬

——著名病理生理学家、肿瘤专家

潘世宬(1909—1994),病理生理学家、肿瘤专家,女,湖南醴陵人,1953年加入中国民主同盟,1956年加入中国共产党。曾任民盟湖南省委委员,湖南医学院(今中南大学湘雅医学院)教授、博士生导师。

潘世宬1924年考入济南山东女子师范学校。1926年求学于北京黎明中学。1927年到1933年就读于北平大学医学院。1933年到1936年就读于上海自然科学研究所医学部,获硕士学位。毕业后留任上海自然科学研究所。1938年夏入湘雅医学院工作,受聘为病理学讲师。1946年7月赴美留学,1948年归国。1954年担任湖南医学院病理生理学教研室主任。1963年担任肿瘤研究室主任、院学术委员会副主任。1982年担任医学院病理生理教研室主任、肿瘤教研室主任。先后被选为卫生部医学科学委员会委员、全国生理病理学会理事及名誉副理事长、湖南医学院学术委员会和学位委员会副主任、湖南省中华医学会肿瘤学会主任。1994年1月30日逝世，享年85岁。

潘世宬是有突出贡献的病理生理学家、肿瘤专家，毕生致力于鼻咽癌致癌机理研究，获得重大突破。1948年3月参加了美国肿瘤学会议，并报告了自己的研究成果。1960年，她开展小白鼠宫颈癌实验研究，首次采用“异位移植法”成功地诱发了小白鼠宫颈癌，在美国《癌症研究》上发表了3篇论文。1973年，她主持的采用亚硝胺类化学性致癌物诱发大白鼠鼻咽癌动物模型研制成功。1979年她写的《亚硝胺研究中的几个问题》刊登在《生理科学进展》中，受到了国内外学者的重视。1982年，她把动物实验研究中观察到的线索应用于人鼻咽癌上，先后从医院临床取得鼻咽癌活检标本，开展了100例鼻咽癌组织化学的实验研究。1982年9月14日，在美国西雅图召开的第十三届国际肿瘤会议上，她和同事们完成的论文《亚硝胺诱发大白鼠鼻咽癌》《二亚硝基哌嗪皮下注射对大白鼠鼻咽上皮癌变过程的研究》被宣读，受到了专家们的重视。她还先后编写了全国大型参考书《病理生理学丛书》的肿瘤、休克、冠心病、动脉粥样硬化、肝脏功能不全、冻伤、烧伤等分册，主编《国外医学》生理、病理科学与临床分册，参编《中国医学百科全书》病理学分册肿瘤学部分。1978年，她先后出席了全国科学大会、全国医药卫生科学大会、湖南省科学大会，均被评为先进个人。1979年12月被评为全国劳动模范。

潘世宬把科学研究看成自己的毕生事业，无论身处何等逆境都矢志不渝。她在“文革”中受到冲击。1972年，已年逾花甲、白发皤然的潘世宬，以老骥伏枥之志重建肿瘤研究室，肩负起研究鼻咽癌的重任。恰在此时，传来了她丈夫被迫害致死、儿子也含冤而死的噩耗。她把个人的悲伤深埋心底，夜以继日地工作，终于成功完成了亚硝胺诱发大白鼠鼻咽癌的研究，登上了新的科学高峰。

潘世宬曾任民盟湖南医学院支部副主委、民盟湖南省第二届委员会委员。她还是政协湖南省第一届委员会常委，第二、三、四、五届委员。

任邦哲

——著名生物化学家

任邦哲(1909—2001),生物化学家,湖南省湘阴县(今汨罗市)人,1953年加入中国民主同盟。曾任民盟长沙市委副主委、湘雅医学院教授。

任邦哲1929年考入南京中央大学化学系,1932年赴美国留学深造,1933年获美国西南大学学士学位,1934年获伊利诺伊大学研究院有机化学专业理科硕士学位,1938年获密歇根大学研究院生物化学专业科学博士学位。1938年回国后,历任成都中山大学医学院、重庆上海医学院、国立药专、长沙湘雅医学院等校生物及有机化学教授,担任上海医学院训导长、湘雅医学院教务长等职。1954年湘雅医学院改名湖南医学院,任基础部主任兼学术委员。1979年冬奉调支援暨南大学新建医学院教授,负责创建生化教研室。他还曾担任卫生部生化专题委员、中国生化学会常务理事、中国化学会常务理事、中国生理科学会理事以及国际生化协会(IUB)生化教育杂志编委等职。2001 年 6 月 24 日逝世,享年 92 岁。

任邦哲是我国著名的生物化学专家。20 世纪 60 年代,任邦哲对湖南铅铸工人情况做过深入调查研究,提出对工人生活和工作环境加以改善,使铅铸工人职业病得到有效缓解。1963 年,他从湖南 300 多种水稻中筛选出 10 余种含蛋白质 11% ~13% 的良种,为提高人民群众的营养水平做出了贡献。1964 年,组织中国第一个异常血红蛋白(Hb)调研小组,发现第一个异常 Hb 新品种 Hb 武鸣,成为中国异常 Hb 研究的奠基者。1979 年调广东后,继续开展异常 Hb 研究,共调查约 30 万人,发现 26 个品种,其中有 4 个为国际新品种。他还运用新技术快原子冲击质谱仪测 Hb 结构,用穆斯堡尔谱测 Hb 结构与功能的关系,均获得满意的成果,达到国际先进水平。主编和参编著作 9 部,其中 1959 年、1981 年参加卫生部组织编写的《生物化学》两部,1981 年主译《生物化学》一部,1994 年主编《生物化学与临床医学》以及《血液生理学》专辑、《医学百科全书·生化分册》和《汉英医学大辞典》等。1990 年被国家教委授予“科技工作 40 年成绩卓著”奖。1991 年获国务院医卫工作突出成就奖及国务院政府特殊津贴。

任邦哲一家颇多才俊。其堂兄是老一代无产阶级革命家任弼时。其大姐任培道,曾与向警予、陶斯咏在民国初并称长沙女性三杰。1948 年北平和平解放之际,其胞妹任培志和胞弟任维均都随之去台。任邦哲毅然拒绝了大姐的赴台邀请,选择为祖国效力。

任邦哲曾任民盟长沙市第六、七届委员会副主委，调广东工作后，曾任民盟广东省委委员。

任邦哲曾任政协湖南省第二届委员会常委兼副秘书长、政协广东省第四、五届委员会委员。

胡信德

——著名妇产科专家

胡信德(1910—1981),妇产科专家,女,湖北武汉人,1952年加入中国民主同盟。曾任民盟湖南省委委员,湘雅医院教授、妇产科主任。

胡信德1927年考入金陵女子文理学院。1929年考入长沙湘雅医学院。1935年毕业后,留湘雅医院任妇产科助教及住院医师。1938年去贵阳,任贵阳医学院妇产科讲师、首席住院医师、主治医师。1942年任湘雅医学院副教授、湘雅医院主治医师。1946年晋升为教授,次年赴美国约翰·霍普金斯大学进修妇科病理学。1948年回国,任湘雅医院妇产科主任,后任省立妇产科医院院长。中华人民共和国成立后,历任长沙市民主妇联筹委会副主任、长沙市人民政府委员、市卫生局副局长、市妇联副主任、湖南省妇联执委、省文教委员。她还先后担任中华医学会全国妇产科学会编委、中华医学会长沙分会妇产科学主任、湖南省妇产科学会理事长、湖南省人类医学细胞遗传学会理事长等职务。“文革”中受到冲击。1981 年 2 月 6 日在长沙逝世,享年 71 岁。

胡信德是我国著名的老一代妇产科专家,为发展我国妇产科学和培养妇产科学人才,付出了毕生心血,做出了突出成绩。1954 年,她首先在国内用羊膜修补尿瘘取得较好效果,发表了《采用羊膜修补膀胱阴道瘘三例成功》的论文。1956 年她首先在国内用羊膜移植人工阴道术,治疗先天性无阴道症,在中华妇产科杂志上发表了《用新鲜羊膜形成阴道治疗先天性无阴道症(九例)》后,在国内产生较大影响,其技术被全国许多医疗单位相继采用。晚年,她积极支持建立妇产科内分泌实验室,深入展开妇产科基础医学生殖内分泌学的研究。在她的大力呼吁下,湘雅医院成立了湖南省第一个防护条件较好的妇科镭疗室,对妇女子宫颈癌开展有效治疗,并建立了妇女外阴白色病损门诊,对白色病损患者进行了系统观察和治疗,取得了很好的成效。她还主编了大型参考书《妇女尿瘘手术学》,1980 年此书出版后受到广泛好评,胡信德还参与编写了全国大型参考书《实用妇科学》生殖器炎症部分。

胡信德是民盟湖南省第三、四、五、六届委员会委员,民盟第三届中央候补委员、第四届中央委员、第五届中央委员会顾问。

胡信德是第二届湖南省各界人民代表会议协商委员会委员,第一、二、三、五、六届湖南省人大代表,第二、三届湖南省人民委员会委员,第五届湖南省人大常委会委员,第一届长沙市各界人民代表会议代表。

石任球

——著名物理学家、推动湖南落实知识分子政策有贡献者

石任球(1910—1984),物理学家,曾用名石耀先,别名石鸿基,湖南新邵人,1953年加入中国民主同盟。曾任民盟中央委员、民盟湖南省委常委,湖南大学物理系主任、教授。

石任球1932年8月考取国立武汉大学物理系,1936年8月毕业,留武大任教。1941年,应聘蓝田国立师范学院理化系担任讲师。1944年3月加入中国国民党,后自行脱离。1945年12月,当选为邵阳县参议员,赴县任职五个月后回校教书。中华人民共和国成立后,任湖南大学物理系教授兼教学研究部副主任。1950年4月到人民革命大学政治研究部学习。1951年1月回湖南大学任物理系主任。1952年4月赴慈利县第四区参加土改。1953年发起成立中国物理学长沙分会。1958年后,先后担任湖南省物理学会首届常务副理事长、荣誉理事和省科协委员等职。1964年被推举赴北京参加国庆观礼,受到毛主席等中央领导接见。1984年6月在长沙逝世,享年74岁。

石任球是知名物理学家。编写出版了《热力学原理》《理论物理》,翻译出版了《理论力学》。1954 年编著了《理论力学教材》,成为当时高等学校广泛运用的教学参考书。1956 年,党号召全国人民向科学进军,他积极响应,发表了许多宣传科学的文章,多次举办学术会,主讲“和平利用原子能”“半导体科学新成就”“地球卫星及宇宙飞船”等,被评为全国职工科普工作积极分子代表。

石任球坚持真理,敢于直言,留下了“一封书奏九重天”的佳话。1983 年 2 月,针对当时湖南大学落实知识分子政策不力的情况,他联合农工党员彭肇藩,大胆向中央媒体写信,反映湖南大学在落实知识分子政策方面的问题。信件分别在 2 月 23 日的《人民日报》和 2 月 24 日的《光明日报》头版显著位置发表,在全国引起强烈反响,成为轰动一时的“两教授上书”事件。中共湖南省委专门成立检查落实知识分子政策办公室,迅速推动了全省知识分子政策的落实。

石任球先后担任民盟湖南大学支部主委、民盟湖南省第六届委员会常委、民盟中央第五届委员会委员。

石任球是政协湖南省第五届委员会常委。

魏猛克

——鲁迅文友，知名作家、美术家，曾任民盟湖南省委代主委、湖南省文化局局长

魏猛克(1911—1984)，作家、美术家，笔名猛克、孟克，湖南长沙人，1950年加入中国民主同盟。曾任民盟湖南省委副主委、代主委，省文化局局长。

魏猛克1930年到上海美术专科学校学习。1933年毕业后自办《大众艺术》画报，加入左翼作家联盟，在宣传部工作。1935年春入东京明治大学研究美术，任东京中国左联支部书记，创办和主编《杂文》刊物。由于参加抗日活动，1937年7月被日本警察逮捕并驱逐出境。回国后任北平作协理事，编辑《北平新报》文艺副刊。日军占领北平后，他辗转天津、济南到长沙，与张天翼、蒯伯赞等合办《大众日报》，编辑《观察日报》副刊，参加抗日救亡文艺工作。后应郭沫若之邀到国府军委政治部第三厅美术科工作。1938年到重庆，加入中华文艺界抗敌协会。1940年4月被国民党警察扣留，经老舍委托冯玉祥、张治中作保才获释。

后到昆明女子中学教美术，云南大学附中教国文。1949 年 5 月，杭州解放，担任杭州艺术专科学校的军事代表，后任中央美术学院华东分院艺术理论教授、研究部副主任、杭州文协筹委会委员和杭州美协委员兼秘书长等职。1950 年任湖南大学教授、中文系主任。后担任湖南省文联主任委员、湖南省人民委员会委员、湖南省文化局局长。1957 年被划为右派，“文革”中身心受到严重摧残。1979 年获平反，被任命为湖南省文联顾问。1984 年 1 月 3 日在长沙逝世，享年 73 岁。

魏猛克是有成就的作家和美术家，出版有《魏猛克杂文集》《魏猛克散文集》以及译著《世界观与创作方法》等。他曾自办《大众艺术》画报，另有采用连环画形式创作的《打渔杀家》以及英译本《阿 Q 正传》插图。1979 年获平反后，他带病坚持写作有关回忆录，对于订正史实、研究文化史很有帮助。1981 年 9 月，以多病之身应邀赴北京，出席鲁迅诞辰一百周年纪念以及学术活动。

魏猛克与鲁迅有过深入交往。他加入中国左翼作家联盟，曾和鲁迅通过许多信。据《鲁迅日记》载，从 1933 年 5 月 13 日到 1936 年 8 月 4 日，鲁迅对魏猛克的 32 封来信，回复了 23 封。1933 年，英国作家萧伯纳来上海，许多人去码头迎接，魏猛克也去了，却没有接到，心里很不舒服。于是，魏猛克在自己办的刊物上撰文说到萧伯纳，附带讽刺了一下鲁迅：“鲁迅先生也从《坟》里面爬出来，到《自由谈》上去颂萧（鲁迅写过一篇《萧伯纳颂》）。”魏猛克日后与鲁迅有过多次接触和交往，且当面为此事道歉，鲁迅从没责怪过他。不料这件事到后来竟成为他的一大罪证。1957 年他被打成右派,罪状之一就是反鲁迅。

魏猛克是湖南民盟、长沙民盟的早期重要领导人。1950 年 10 月,任民盟湖南省第一届支部委员。1955 年 7 月,任民盟湖南省第二届支部副主委,1957 年代理主委。1954 年 6 月到 1958 年 8 月,他还担任民盟长沙市委第三、四、五届主委。1980 年 2 月,他再次担任民盟湖南省委第六届副主委。

魏猛克是第一、二届湖南省各界人民代表会议代表,第一届湖南省人大代表,第五、六届湖南省人大常委,政协湖南省第五届委员会常委。

严怪愚

——民国时期笔挟风雷的“新闻勇士”

严怪愚（1911—1984），爱国进步记者和报人，本名严正，湖南邵阳人，1928 年加入中国共产党，1949 年加入中国民主同盟。曾任湖南通俗读物出版社（湖南人民出版社前身）副社长兼编委会主任。

严怪愚 1931 年秋考入湖南大学，先后就读于中文系和经济系。1935 年毕业后即开始新闻报业工作。他与好友康德、冯英子在长沙创办了《力报》，任副刊主编兼采访部主任。1938 年 11 月，《力报》搬迁至邵阳，严怪愚任总编辑。后又相继在衡阳主办《正中日报》，在沅陵创办《力报》，在晃县、辰溪创办《中国晨报》，任副社长，积极宣传和鼓动抗日，一时有“湘西《新华日报》之誉”。1945 年 8 月，日寇在芷江受降，严怪愚是现场采访记者之一，发表了《芷江受降侧记》一文，留下了珍贵的历史记录。抗战胜利后，任青岛《东南日报》驻沪记者。1948 年 7 月，在长沙创办《实践晚报》，任主编。

5 月，受中共地下党湖南省工委之托潜回邵阳与中共邵阳地下党组织一起，担任魏镇、宋涛起义前的联络工作。中华人民共和国成立后，历任邵阳土改委员会委员、湖南《工商晚报》《大众报》副社长、湖南通俗读物出版社副社长兼编委会主任。1955 年在批判胡风反革命集团中受到审查。后在长沙一中、长沙师专任教。1957 年被划为右派，1962 年调湖南师范学院中文系任图书资料员。“文革”时下放到平江农场牧牛 3 年（所历载《湖南日报》副刊发表的《养牛记》一文中）。1979 年获平反。1984 年 3 月 1 日在长沙逝世，享年 73 岁。

严怪愚是民国时期与邹韬奋、范长江等齐名的著名记者，也是湖南现代新闻事业和出版事业的开拓人之一。他不畏强权，文风犀利，笔挟风雷，享有“新闻勇士”的美誉。他在长沙创办《力报》，公开打出“拥护中共”的旗号。他先后参加范长江主持的中国青年记者协会和国际新闻社。1936 年鲁迅逝世，湖南当局下令禁止新闻界著文悼念。他顶着压力在长沙发起召开隆重的追悼会，并率先在《力报》上开专栏悼念鲁迅。1938 年，他冒着“倾共”嫌疑和报纸被查封的危险，在《力报》上刊登了毛泽东 1938 年 5 月发表的《论持久战》。1938 年春，他与范长江、徐铸成、谢冰莹等一批青年记者奔赴徐州台儿庄抗日前线，写出了《凭吊台儿庄》《陇海东线》《我们新的长城——黄河防线》等 10 多万字的战地通讯，鼓舞了前方士气和全国人民的斗志。1939 年 2 月底，汪精卫实际上已经叛国降日，但国民党不敢公开真相，严密封锁消息。这时，范长江找到严怪愚，告诉他这一消息：“你们《力报》远在邵阳，天高皇帝远，可以冒点险，抢先发出来。你有这个胆吗?”4月7日,严怪愚在《力报》发表《图作小朝廷之大傀儡,汪逆实行降敌卖国》,第一个果敢揭露汪精卫叛国投敌的丑闻。1939年秋,他针对当时国民党桂系大员白崇禧自吹广西“模范省”,亲自入桂采访,写《春草遥望近却无》一文,揭露广西弄虚作假,使所谓“模范省”名誉扫地。1940年5月,国民党湖南当局以“言论荒谬”“协同‘八办(八路军办事处)’阴谋推翻政府”为由,查封了《力报》,严怪愚也被投入监狱。1946年秋,严怪愚在范长江陪同下到南京梅园新村访问周恩来,受到周恩来的勉励。1946年冬,国共和谈破裂,中共代表团从南京转上海撤退时,他只身冒险去车站送行。

严怪愚是“新闻勇士”,也是一个极富个性的作家。他从1957年至1979年仍有约400万字的新闻报道、散文、杂文、小说、回忆录、儿童文学剧本等存世,主要著作有《百感交集》《金丝雀》《严怪愚文集》等。他逝世后,社会各界唁电、挽联、悼诗,有200件之多。有挽联曰:“怪笔惊人,直揭人生真谛;愚公处世,饱经世道沧桑。”“笔挟风雷名记者,胸无城府老书生。”香港也有报刊发表专文悼念,高度评价这位新闻勇士不凡的人生。

严怪愚1947年初在上海参加了中国民主同盟举行的反内战动员大会,与沈钧儒等爱国人士一道发表演说。1949年春在长沙加入中国民主同盟。

严怪愚曾担任政协湖南省第一、五届委员会委员。

韩罕明

——知名作家、文学理论家

韩罕明(1911—1989),作家,文学理论家,原名韩朗周,广西合浦县人,1948 年加入中国民主同盟,1957 年加入中国共产党。曾任湖南师范学院(今湖南师范大学)、湖南大学中文系主任、教授,民盟湖南省委副主委。

韩罕明 1929 年考入中山大学文学院,1935 年毕业,获学士学位。后到广州市三中任教。1936 年秋到廉州中学执教,任教务主任。1941 年初到重庆,先后任农林部科员、国府军委政治部第三厅主任科员。1946 年 6 月去南京,任国民政府国防部后勤总部专员。1948 年秋到湖南音专任文学教授。中华人民共和国成立后,调入湖南大学中文系任教,并参加省文联筹备工作。抗美援朝期间参加赴朝慰问团。1953 年全国高校院系调整,参与筹办湖南师范学院,任中文系主任、教授。1959 年调回湖南大学筹办中文系,任中文系主任。1963 年调任中国作协湖南分会秘书长。“文革”期间受到冲击。1974 年恢复工作,回到湖南师院,仍任中文系教授。1989 年 3 月 7 日逝世,享年 78 岁。

韩罕明是知名作家。1941 年开始发表作品。1960 年加入中国作家协会。著有杂文《答客问》《鞭“鞭尸者”》《狗春秋》,小说《小城风月》,评论《关于“迎接”及其他》,论文《也谈“百花齐放、百家争鸣”》《加强学习毛泽东文艺思想》《从〈中国地质论〉看鲁迅早期的爱国思想》《鲁迅是反对右倾的闯将》,特写《邙山行》等。《小城风月》发表于茅盾和叶以群主编的《新绿丛刊》第二辑,受到茅盾好评。1959 年中华人民共和国成立十周年时,他以饱满的热情,创作了歌颂社会主义的短篇小说《在新修的马路旁》。

韩罕明是一位革命进步作家。1938 年,他支持和协助共产党人张进煊到广东廉州中学主持教务,建立和发展地下党组织。这一年,他胞弟韩焱周的长子韩军出生,他以楹联两副相赠,以期共纾国难,驱除敌虏。韩焱周第二、三子出生后,遂分别以韩罕明楹联中民族英雄“岳”“飞”两字取名为韩岳、韩飞。1941 年初他到重庆,积极参加文化界的进步活动,成为进步作家中的一员。

韩罕明在香港加入中国民主同盟。曾任民盟湖南师范学院支部主委,民盟长沙市第二、三、四届委员会副主委,民盟湖南省第三、四、五届委员会副主委。1977 年 11 月,担任民盟湖南省委临时领导小组副组长。后任民盟湖南省第六届委员会副主委、第七届委员会常委、第八届委员会顾问,民盟中央第四、五届委员会委员。

韩罕明是第一届、二届湖南省人大代表，政协湖南省第二、三、四届委员会委员和第五届委员会常委。

刘秉阳

——知名微生物学家

刘秉阳(1911—2002),微生物学家,曾用名刘清琰,湖南湘潭人,1951年加入中国民主同盟,1985年加入中国共产党。曾任民盟湖南省支部候补委员、湘雅医学院教授。

刘秉阳1928年考入湖南大学化学系,因有志于医学研究,于1929年转入湘雅医科大学预科甲班。后赴美国耶鲁大学医学院就读,1935年毕业,获医学博士学位。毕业后到北平协和医学院进修细菌病学。1939年再赴美国哈佛大学医学院细菌科学习,与世界细菌学泰斗秦斯汉(Hans Zinsser)开展研究合作。1942年被该学院聘为微生物学教授。1943年1月,自美国回国到在贵阳办学的湘雅医学院,任微生物学教授及细菌科主任。1949年4月,任湘雅应变委员会和接管委员会委员,积极参加并组织护院保产,成功抵制了国民党当局企图把湘雅南迁广州的图谋。中华人民共和国成立后,1952 年 5 月,他担任湖南省脑炎研究组主任。1955 年调北京中央流行病学研究所工作。后任中国预防医学院流行病学微生物学研究所研究员、博士生导师。他还曾任中国微生物学会常务理事、人兽共患病病原学专业委员会主任委员等职。2002 年 2 月 21 日在北京逝世,享年 91 岁。

刘秉阳是一位爱国志士。1943 年他自美国回国,带回一大批美国当时最先进的药品器械,对于抗战中的中国医疗卫生事业,可谓雪中送炭。当年 4 月出版的《国立湘雅医学院院刊》记载:“(刘秉阳)此次带回药品器材不少,尤以微小映片(microtilm)一大箱,及其映放机一具,为最特色,缘映片中均系一九四一年、一九四二年,英方出版之新医学书志故也。刘医师曾语记者,此次由印飞渝,曾得各方协助,允带常人五六倍重之行李,实为难得。然如此重量,尚不能尽载海船运来物件,故于甫抵院门时,其行李书籍、仪器、药品外,仅见牙刷、面巾而已,其为公为科学之精神可以概见矣。”

刘秉阳长期从事白喉、沙门氏菌肠炎、病毒性乙型脑炎、霍乱等疾病的病原学、免疫学、遗传学及人体微生态学研究,并取得重要成果。他在中国首次分离出斑疹伤寒立克次体,并在鼠胚组织块中培养成功。留美期间,其所发表的有关亚洲霍乱病原诊断和防治文章及在美国微生物学会第 4 届年会上所做的报告,均受到同行的较高评价。朝鲜战争期间,他从美国飞机投掷的一种似蜘蛛的虫体体表及内部分离出炭疽杆菌,为揭露美军进行细菌战提供了有力证据。20 世纪 60 年代,他创建了微生物基础理论研究室,开展免疫学及遗传变异的广泛研究,取得了开创性进展。70到90年代，他与科技人员成功研制了卡他球菌脂多糖和微生态制剂，其中培菲康已进入国家基本药品目录。1995年，他领导的团队揭开了杨晓霞怪异病的病因，被评为当年中国医药十大新闻之一。1997年，他领导的微生物室关于0157：H7大肠菌的研究成果获国家科技进步二等奖、卫生部科技进步一等奖。他还先后发表近50篇学术论文，主编了《医学细菌学》《医学细菌学过去、现在、未来》《医学微生物学》《微生物实验方法》《实用流行病学》《布鲁氏菌病学》《布鲁氏菌病实验室操作方法汇编》等多部医学著作。

陈新民

——中国冶金学泰斗，中南矿冶学院奠基人，
曾任民盟湖南省委主委、省人大常委会副主任

陈新民（1912—1992），冶金学家、化学家，中国科学院学部委员，安徽望江人，1953年加入中国民主同盟。曾任民盟中央常委、民盟湖南省委主委，湖南省人大常委会副主任，中南矿冶学院（中南大学前身）院长。

陈新民1931年到1935年就读于清华大学化工系，获理学学士学位。期间积极投身抗日救亡工作，被选为学生会副主席、民众学校校长。毕业后历任唐山启新洋灰公司、南京江南水泥公司副化学师，甘肃省建设厅技士、省科学教育馆助理研究员，“中央研究院昆明化学研究所”助理研究员。1940年考取清华大学公派留学生，赴美攻读于麻省理工学院冶金研究所，1945年毕业，获冶金博士学位。其博士学位论文《关于铬的测定》被麻省理工学院同行称道。陈新民毕业后任美国

卡内基钢铁公司芝加哥南厂冶金研究员。1947 年回国,先任天津北洋大学冶金系教授,继任清华大学化工系教授、校务委员会委员兼秘书长。中华人民共和国成立后,1952 年奉命调长沙,任中南矿冶学院筹委会副主任、筹备处主任,学院成立后,担任首任院长。反右和“文革”中受到冲击。1979 年复出后任中南矿冶学院副院长,1984 年任名誉院长,1985 年任中南工业大学名誉校长。1992 年 12 月 23 日,在民盟第七次全国代表大会上突发心脏病逝世,享年 80 岁,被中共湖南省委追认为中国共产党党员。

1957 年 5 月,陈新民在《新湖南报》上发表《鉴别鲜花、毒草要靠“百花齐放、百家争鸣”》一文,被划为右派。接着又经历了“文化大革命”。期间,他被撤销了领导职务,经受了多年身体和精神上的折磨。但他仍以报国之心,忠实地履行一名教师的职责。他曾在日记中写道:“作为共产党的追随者,共产主义的忠实信徒,就应该为党的事业奋斗终生。就应该把自己看到的,对社会主义有利的,对党的事业有益的想法尽量提供出来,否则,就不可能是一个真正的马列主义者。我一定要以自己的行动挽回党和群众对我的误解。”

陈新民是中国有色金属冶金教育的开拓者。他长期从事冶金物理化学理论、热力学和动力学方面的科研和教学,在国内外发表数十篇重要论文。他的“金属—氧系热力学和动力学”“高温熔体物理化学性质”的研究成果,为中国有色金属的开发和综合利用提供了理论依据。他把物理化学应用于冶金、材料等学科,创建了具有博士学位授予权的冶金物理化学专业。1980 年被增选为中国科学院学部委员,并担任国务院学位委员会学科评议组成员、冶金部科学委员会委员、中国金属学会冶金物理化学专门委员会副主任等职务。1991 年，成为第一批享受国务院政府特殊津贴的专家。

陈新民是中南矿冶学院的奠基者。1951 年冬，中央人民政府文教委员会主任钱俊瑞找到他，提出为恢复和发展国民经济，为新中国培养急需的矿冶类专门人才，拟调他去湖南长沙筹建一所矿冶大学。当时陈新民在北京已工作多年，家里还有六个儿女。但他把国家的需要摆在第一位，并未多想个人的利害得失，毅然放弃首都的优越生活和工作条件。1952 年元旦刚过，迎着漫天风雪，他带领全家奔赴长沙，开始进行新校筹建工作。校址选在岳麓山南麓的左家垅村，这里有清华大学抗战前夕准备南迁时盖的两栋教学大楼，因遭日本飞机轰炸和年久失修，早已破烂不堪，满目荒凉。依靠这点家底，他带领从中山大学、武汉大学、广西大学、南昌大学分流而来的 600 多名师生，日夜奋战，仅用 7 个月的时间就组建起了中南矿冶学院，于 1952 年 11 月 1 日正式招生开学。到 1957 年，在校生即超过了 5000 人，与北大、清华当时的办学规模几乎相当，创造了中国教育史上的奇迹。

陈新民是湖南民盟的卓越领导人。他是民盟中央第五、六届委员会常委，民盟湖南省第二至八届委员会委员，第七、八届委员会主委。担任民盟湖南省委主委期间，他带领盟员积极参政履职。1986 年，他邀请并陪同民盟中央主席费孝通考察洞庭湖地区，倡议召开了“长江荆江段和洞庭湖地区综合治理学术研讨会”，史称“两湖会议”，推动了湘鄂两省协作治理长江中游行动，影响至今。

陈新民曾任全国政协第五、六、七届委员会委员，政协湖南省第二、三届委员会常委和第四届委员会副主席，湖南省第五、六、七届人大常委会副主任。

2012 年 11 月 25 日，民盟湖南省委举行纪念陈新民诞辰 100 周年座谈会。民盟中央副主席李重庵号召广大盟员“学习他一生报国的志向担当，为民奉献的高尚品德；发扬他忠诚教育的进取精神，科学育人的远见卓识；传承他心怀天下的诤友胆识，奔走国是的赤子热忱”。

杨应修

——湘绣史上第一位中国工艺美术大师

杨应修(1912—1993),工艺美术家,字可宾,号慎斋,湖南宁乡人,1985年加入中国民主同盟。曾任湖南省湘绣研究所副所长。

杨应修1926年考入宁乡师范学校,一年半后因病辍学,在家乡小学任教三年。1931年到长沙市广华湘绣庄当学徒,学湘绣绘画,后受聘于广华、湘源丽、锦华、胡锦霞等绣庄。中华人民共和国成立后,1953年公私合营,地方国营红星湘绣厂成立,杨应修进厂做设计工作。1956年任锦霞湘绣厂绘画车间主任。“文革”中受不公正待遇。1969年下放到“五七”干校。1973年回省湘绣厂,1980年任湖南省湘绣研究所副总工艺师、副所长,后任顾问。1987年任省湘绣研究所高级工艺美术师,并担任湖南省文史馆名誉馆员。后被聘为湖南省工艺美术职工大学教授、湖南科技大学教授。1993年1月4日在长沙逝世,享年

81 岁。

杨应修是当代著名的工艺美术家。他自幼喜画，30 多岁即已小有名气，曾受到张大千的称赞。中华人民共和国成立后，湘绣工业和工艺美术得到较快的发展。他顺势应时，在艺术上孜孜不倦探索和创新，形成了独特的艺术风格。1957 年 8 月，他作为湖南省工艺美术艺人代表，赴北京参加全国工艺美术艺人代表会议，受到朱德同志的接见。他发表了《改革中的湘绣》一文，对湘绣改革提出了切合实际的意见。20 世纪 60 年代中期，他为北京人民大会堂湖南厅创作了两幅景屏《墨竹》《墨梅》，特别是后者用毛泽东《卜算子 · 咏梅》中"已是悬崖百丈冰，犹有花枝俏"的意境，以"傲"立意，大获成功。1974 年，他为广州商品交易会创作了《草泽雄风》，颇受好评，被外商以 4 万美元购买。1977 年，他创作了湘绣《猛虎》，入选全国工艺美术展览，悬挂于人民大会堂湖南厅。1978 年，他创作的巨幅湘绣《百鸟朝凤》，画了 38 个品种、102 只鸟，各具神态和情趣，在香港的中国刺绣展览会上获得好评。同年，他被选为湖南省美协副主席，次年加入中国美术家协会。1979 年，他荣获国务院授予的"中国工艺美术家"称号，受到党和国家领导人的亲切接见。1981 年，他创作的《雄狮》获得金杯奖，入选国家珍品类，永远收藏于中国工艺美术馆。1983 年，杨应修创作了具有湖南特色的巨幅双面湘绣《荷花野鸭图》，该作品经胡耀邦推荐，作为李先念主席访问罗马尼亚的赠品。杨应修又创作了《洞庭情趣》，陈列于人民大会堂湖南厅。1986 年，杨应修在北京中国美术馆举办了个人画展，标志着他一生从艺事业的高峰。1988 年被授予"中国工艺美术大师"称号，这是湘绣史上的第一次。

杨应修成为一代大师，既有先天禀赋之助，更有后天努力之功。他自小坚持练习书法，闻鸡起舞，每天写完四张大字，才迎来曙色临窗。坚实的书法功力，为他日后成为工艺美术大师奠定了基础。抗战期间，长沙城陷入了一片火海，无处安身的杨应修躲到乡间。野地里的蚱蜢、螳螂在草丛里跳动，麻雀、燕子在枝头翻飞鸣叫。他凝眸注视，久而久之这些小生灵的灵动姿态都摄入了他的心海，使他感受到了天地造化的奇妙。于是他笔下的对象，从工笔到写意，经几十年用心揣摩，最后形成独树一帜的风格，为人们所称道。

杨应修是政协湖南省第四届委员会委员，第六届全国人大代表。

欧阳敏讷

——民国时期著名政论家

欧阳敏讷(1913—1990),政论家、报人,湖南安仁人,1949年加入中国民主同盟。曾任民盟湖南省支部机关报《民主报》总主笔、湖南省人民政府参事室参事。

欧阳敏讷1933年先后在北京师范大学、北京大学旁听。同年秋回乡任教小学。1936年到南京任《扶轮日报》国际新闻主编。1937年回湖南,担任长沙、邵阳《力报》主笔。1946年秋,至兰州创办《和平日报》,任副社长,担任《新疆论丛》主编。1948年7月回到湖南主事长沙《国民日报》,任湖南报业公会理事。后任《民主报》总主笔。中华人民共和国成立后,1950年任湖南省人民政府参事室参事,后任省工业厅研究员。1951年任湖南农学院副教授、马列主义教研室主任。1955年被打成"胡风分子",关押两年后无罪释放。1958年调省志办工作。1990年4月在长沙辞世,享年77岁。

欧阳敏讷是民国时期的著名报人,翦伯赞称赞他是"青年国际政治评论家"。1937年3月,日本代表团到上海进行所谓"中日经济提携”会谈。上海《大公报》即时发表了两篇社论，大颂欢迎和拥护之词。时任《扶轮日报》国际新闻主编的欧阳敏讷连作7篇社论进行反击，题目皆为“质大公报”，受到了民众的广泛支持。1940年3月，桂林《力报》创办，他撰写社论。其文章洞悉局势，敢于直言，反响很大。1946年秋，欧阳敏讷受张治中邀请至兰州协助创办《和平日报》，在西北进行文化拓荒，宣扬进步思想。还在南京先后出版了《天山画报》《维文文摘》《维文文艺》等著作，大力宣扬民族文化，促进民族融合。

欧阳敏讷为湖南和平解放做出了一定的贡献。1948年12月，他加入成铁侠领导的中共地下组织，利用报刊宣扬和平，揭露特务的谣言，掩护进步报刊《晚晚报》《实践晚报》的民主活动。在他的安排和掩护下，被国民党特务列为暗杀对象的李达得以顺利逃脱。1949年初，中共中央公布战犯名单，程潜名列前几位，一时很有情绪，起义与否，摇摆不定。欧阳敏讷向程潜进言劝慰，及时化解了程潜的思想矛盾，坚定了他起义投诚的决心。他还找与程潜交往密切的李默庵，规劝他随程潜一道起义，促成李默庵坚决加入起义行列。此后数月，李默庵控制部队，协助和掩护程潜的活动，稳定局面，最后促成程潜于长沙和平起义。

欧阳敏讷加入民盟后，为建立长沙市民盟分部、促进民盟内部团结做了很多工作。1949年8月，担任民盟湖南省支部机关报《民主报》总主笔，大力宣传中国共产党的方针政策，在办报经费极为困难的情况下坚持了一年多，共出版482期，得到了中共省委和社会各界的充分肯定。

涂西畴

——知名经济学家、湖南和平解放功臣

涂西畴(1913—2007),经济学家,别名先求,湖南辰溪人,1938年加入中国共产党,1946年加入中国民主同盟。曾任民盟湖南省委常委、湖南财经学院(后并入湖南大学)院长。

涂西畴1935年考入湖南第一师范学习,1937年参加抗日民族先锋队,同年赴山西后转徙延安,投身抗日救亡运动。1938年回辰溪参加"抗日自卫团",担任大队长。1940年7月考入中山大学经济系学习,毕业后留校任助教、讲师,是该校学生运动的主要负责人。1948年年底回湖南,任湖南大学经济系副教授。不久被任命为中共湖南省工委军事策反小组副组长。中华人民共和国成立后,担任湖南大学副秘书长、经济系主任。1954年,任湖南师范学院筹委会副主任、副院长。1957年,担任湖南省政协专职副秘书长。1958年奉调参加恢复湖南大学的重建工作,并担任湖南大学教务长。1979年调任湖南财经学院党委委员、副院长,1981年任院长。1986年任教授。2007年2月12日在长沙逝世,享年94岁。

涂西畴是湖南和平解放的功臣。1949年春,经中共湖南省工委统战工作组组长余志宏推荐,担任策反小组的副组长兼军事代表。他成功策反了国民党军统大特务张严佛、宪兵团长姜和瀛、保安团团长刘鸣球以及陈明仁将军的参谋长文于一、国民党空军大托铺机场负责人蔡晋年等,并指导宪兵团陈采夫串联组织湖南进步军人民主促进社,使其成为中共地下党的外围组织。1949年7月,白崇禧撤离长沙时,授意陈明仁在解放军进城前爆破长沙城里所有的交通设施以及仓库、军火库、工厂等重要建筑设施。得知这一消息后,涂西畴精心组织,周密安排,将设在开福寺的军火库迅速转移,将白崇禧的爆破队赶出长沙,使长沙城免遭了一次大劫难。1949年8月8日,萧劲光司令员在长沙韭菜园亲自接见了涂西畴,称赞他为湖南和平解放"出了大力,立了大功"。

涂西畴是湖南高等教育事业的重要奠基者。中华人民共和国成立后,先后负责新湖南大学、湖南师范学院、湖南财经学院的筹建工作,担任湖南大学教务长、湖南师范学院副院长、湖南财经学院院长等要职,为湖南高等教育事业的发展做出了杰出的贡献。

涂西畴是我国区域经济学的开拓者。他承担了我国第一个"区域经济研究"课题,发表了100多篇论文,撰写了《中国社会主义区域经济》《世界区域经济研究》两部开创性专著。指导汉寿、辰溪等五县制订了经济社会发展规划。1998年被湖南省委、省政府授予“湖南省荣誉社会科学专家”称号。

涂西畴是广东民盟、湖南民盟的早期骨干。1946 年，他在中山大学加入中国民主同盟，并担任中大民盟领导小组组长。从 1946 年初至 1947 年上半年，领导中大等广州地区高校师生开展民主斗争，并发展盟员 70 多人。1949 年元月，涂西畴去香港，拜见民盟中央副主席周新民，元月中旬回湖南，向湖南民盟支部筹委会负责人萧敏颂通报了民盟一届三中全会精神。1958 年 6 月到 1960 年 10 月，涂西畴担任民盟湖南省第三届委员会常委兼副秘书长。

2013 年 10 月，民盟湖南省委举行了纪念涂西畴诞辰 100 周年座谈会。民盟中央副主席温思美等出席，与会者盛赞涂西畴是杰出的革命家、教育家、经济学家，多党合作的旗帜性人物。

胡笃敬

——知名植物生理学家

胡笃敬(1913—2019),植物生理学家,湖南湘潭人,1951年加入中国民主同盟,1955年加入中国共产党。曾任民盟湖南省委副主委、湖南农业大学教授。

胡笃敬1929年考入湖南省第一师范学校,1932年毕业,任湖南第一师范小学教员。1933年入武汉大学生物系,1937年大学毕业,任湖南省立衡山乡村师范教员。1938年秋入清华大学农业研究所学习。毕业后历任福建农学院讲师,福建省研究院副研究员,广东文理学院、中山大学副教授、教授,湖北农学院教授。中华人民共和国成立后,任湖南大学农学院教授。1951年后任湖南农学院教授。“文革”中遭到批斗。1978年获平反。1987年被批准为博士生导师。2019年10月25日,胡笃敬因病医治无效于湖南农业大学校医院逝世,享年107岁。

胡笃敬长期工作在教学第一线,为农业战线培养了大量的人才。在湖南农学院初建时期，他自编了《植物形态学》《植物生理学》《植物生理生化》等教材，共百万余字。他还译有《植物实验》，著有《杜仲》《植物矿质营养原理与展望》《植物钾营养理论及实践》等著作。曾荣获“全国优秀教师”和国家教委颁发的“从事高教科技工作40年”等荣誉，享受国务院政府特殊津贴。

胡笃敬是我国植物生理学界元老。数十年来，他想国家之所想，急国家之所急，为我国农业事业做出了重要贡献。20世纪50年代，国家急需橡胶，他便开展了杜仲研究，出版了《杜仲》专著。改革开放伊始，我国钾肥主要依靠进口。他即致力于生物钾肥研究，筛选出20种高钾植物并应用于水稻、苎麻和水果生产，其论文1986年在美国举行的第10届植物营养国际学术讨论会上交流，引起国际同行关注，认为该成果为第三世界国家开辟钾肥资源提供了新的途径。会后美国、日本、古巴、印度等10多个国家植物生理学工作者纷纷来函索取有关文献。生物钾肥不但在湖南省广为利用，还先后在川、鄂、桂、皖、浙等省推广。

胡笃敬坚持正义，敢于直言，体现了民盟人心系天下的崇高风范。1961年初，他与农工党党员周汝抗等5位湖南农学院教授上书中共湖南省委，大胆批评一些过“左”的提法。这就是著名的“五教授上书”事件。最终，该事件在中共湖南省委、省委统战部的正确引导和妥善处理下，得到圆满解决。中共省委充分肯定了胡笃敬等人的意见以及敢于直言、忠诚于党的教育事业的精神。

胡笃敬是湖南民盟的元老。1952年10月，民盟湖南省第一届支部委员会成立，他担任支部委员。此后他连续担任民盟湖南省第二届委员会委员，第三、四、五届委员会常委。1977 年 11 月，湖南民盟启动组织重建工作，他担任民盟湖南省委临时领导小组成员。此后担任民盟湖南省第六、七届委员会副主委。

胡笃敬是第二、三、五、六届湖南省人大代表，政协湖南省第一、二、三、五届委员会委员，第六届委员会常委。

萧敏颂

——湖南民盟主要创始人、首任主委，曾任湖南省教育厅厅长

萧敏颂(1914—1957)，湖南民盟主要创始人、首任主委，湖南湘潭人，1936 年加入中国共产党，1944 年加入中国民主同盟。曾任民盟湖南省委主委，湖南省人民政府委员、省教育厅厅长。

萧敏颂 1933 年到 1937 年就读于北京大学政治学系。毕业后回长沙，先后执教于由北京迁长沙的民国学院、楚怡中学。1939 年赴桂林，先后任教于广西地方行政建设干部学校、广西大学、桂林女子中学、贺县中学、八步临江中学。1945 年赴香港。1946 年春自港返湘，先后执教于行素中学、武冈洞庭中学。1948 年受聘为湖南大学副教授。中华人民共和国成立后，担任湖南省人民政府委员、土改委员会副主任、长沙市人民政府委员、文教局局长、长沙市政协副主席。1952 年任湖南省教育厅副厅长，1955 年任厅长。还兼

任长沙市中苏友协总干事、湖南省中苏友协副总干事、省抗美援朝分会秘书长等职。1957 年 4 月 7 日在长沙逝世,享年 43 岁。

萧敏颂是久经考验的革命工作者。1935 年在北京大学读书期间,积极投入“一二·九”学生运动,担任北京大学学生会执行委员。1936 年由黄敬介绍加入中国共产党,参加平津学生南下扩大宣传团。“中华民族解放先锋队”成立后,担任总部组织部部长,并代表“民先”参加华北各界抗日救国联合会,任宣传部副部长。1937 年回长沙后,积极从事抗日救亡文化工作,主编《前进》半月刊,并为《观察日报》《新湖南》等进步刊物撰稿。同时,参加文化界抗敌后援会的工作,任常务理事,并与翦伯赞等进步人士发起组织中苏文化协会,任驻会理事,编辑《中苏》半月刊。抗战期间,在广西宣讲抗战形势,宣传毛泽东的《论持久战》,在学员中产生较大影响。1941 年赴香港,参加在港救国会的活动。1948 年回湖南后,与傅白芦等编辑出版《人民世纪》周报,并担任《新潮日报》主笔,撰写政论,反映人民的和平呼声。他与中共地下党南方局长沙特别支部取得联系,在特支领导下,以文化教育界为重点,开展民主进步运动。同年 11 月,他参加了由中共湖南省工委策划的在岳麓山桃子湖方叔章家举行的座谈会,对推动湖南和平起义起了积极作用。

萧敏颂是中国民主同盟早期的重要活动家。1944 年,中国民主同盟决定在广西八步成立民盟东南总支部。当时,萧敏颂夫妇在广西贺县中学任教。经梁漱溟、陈此生介绍,他加入中国民主同盟,并被推为民盟广西支部执行委员。民盟东南总支部成立后,他负责宣传工作。在民盟东南总支部举办的民主讲座上，他主讲“目前抗战形势”专题，并负责编辑《民宪》月刊，翻译《哲学对话》。1945 年抗战胜利后，民盟东南总支部迁香港，改为南方总支部，他随后亦赴香港，参加民盟的活动。

萧敏颂是湖南民盟的主要创始人。1946 年返湘后，致力于湖南民盟的筹建工作。1948 年他与余志宏、刘禄铨、张梓敬等人酝酿成立民盟地下组织，经请示香港民盟总部同意由他负责筹建工作。1949 年 1 月民盟湖南省支部筹委会成立，他担任主任委员。同年 2 月，筹委会改名为支委会，1950 年 2 月又改称临时工作委员会，他均任主任委员。1952 年 10 月，召开了湖南民盟第一次代表大会，选举产生民盟湖南省第一届支部委员会，萧敏颂当选主任委员。1955 年 7 月召开湖南民盟第二次代表大会，他再次当选主任委员，直至逝世。

新中国成立之初，百废待兴。民盟湖南省支部虽然是一个省级党派组织，但没有办公室，没有经费。萧敏颂通过盟员个人关系，先后在长沙民主西街惜阴书舍和湘春街安庄借用几间房子，借调两个干部，雇一个工人，在那里开始办公。又从民主报社每月弄来几担米，供几个机关干部开餐。在这样的艰苦条件下，萧敏颂带领大家一道工作，积极吸纳盟员，建立组织，为湖南民盟的发展做出了历史性的贡献。

1949 年 11 月，萧敏颂出席了民盟中央一届四中全会扩大会议，当选为民盟中央委员。1957 年 2 月，他赴北京参加全国政协会议和民盟中央会议，并列席参加中共中央召开的全国宣传工作会议，返湘途中患化脓性脑炎，下车后急送医院，因抢救无效逝世。中共湖南省委、省人民政府为萧敏颂举行了隆重的追悼会,对他的一生给予了高度的评价,其遗体葬于岳麓山。在他的墓碑上镌刻着中共湖南省委的挽词:“为了祖国的民主和自由,为了社会主义事业,你曾热情工作,有很多贡献。正当盛年有为之时,你却长逝,使我们深感沉痛的损失!”

萧敏颂和妻子曹国智是革命夫妻,以志趣相投而结合,20多年历经风雨,感情弥笃。1956年曹国智41岁生日时,萧敏颂曾赠妻七律一首,诗云:“定情往事记缠绵,弹指光阴二十年。历劫死生同命鸟,相倚形影并头莲。自惭荏弱书生质,多谢殷勤爱侣贤。今日捧觞为君寿,花枝长好月长圆。”

萧敏颂先后当选第一届湖南省人大代表,湖南省首届、二届各界人民代表会议代表和协商委员会常委,政协湖南省第一届委员会常委以及长沙市协商委员会副主席、政协长沙市委员会副主席。

刘禄铨

——湖南民盟创始人之一、湖南和平解放功臣

刘禄铨(1914—1980),湖南民盟的主要创始人之一,湖南湘乡人,1938年加入中国共产党,1948年加入中国民主同盟。曾任民盟湖南省支部委员、湖南省税务局副局长。

刘禄铨1933年考入湖南大学政治经济系学习,1937年毕业。1938年7月,他在长沙八路军办事处加入中国共产党,此后长期从事党的地下工作。曾任中共醴陵特别支部书记、统一工作委员会主任委员和军事委员。1945年任桃源县税务所主任。中华人民共和国成立后,担任湖南省税务局副局长等职务。“文革”中被开除党籍。1980年逝世,享年66岁。逝世后获平反。

刘禄铨是久经考验的地下革命工作者。父亲刘万轩1917年参加孙中山领导的护法战争,牺牲于岳阳。母亲刘周南1924年加入了中国共产党,和郭亮夫妇一起工作,并担任党的地下交通

员。20世纪30年代,中共湖南地下党的负责人高文华和周里等人经常出入刘家。刘禄铨17岁就开始参加反蒋抗日活动。在长沙他主办过《更生旬刊》,呼吁“停止内战,一致对外”。刊物仅仅发行了三期就被国民党查封。在湖南大学求学期间,他组织长沙学生声援北京学生“一二·九”运动。1937年毕业以后,加入了湖南文化界抗敌后援会和中苏文化协会。1945年,他到湘乡、桃源从事党的地下工作,直到中华人民共和国成立。

刘禄铨是湖南和平解放的功臣。1949年1月,他担任中共湖南省工委财经调研组组长,为迎接湖南和平解放收集、调查和研究全省财经方面的信息。4月中旬,受湖南中共地下党派遣,去华中局汇报湖南的政治、军事和经济情况。他历尽艰险,突破封锁,于5月7日绕道香港到达华中局所在地济南,将湖南的情况向华中局钱瑛副部长做了汇报,并将所带材料加以整理,写成一份《湖南省调查资料》的小册子。随即,刘禄铨受钱瑛副部长派遣,回湖南向省工委传达和平解放湖南的意见。前后历时近两个月,圆满完成党交给的光荣任务。2009年9月,为纪念湖南和平解放60周年,《三湘都市报》刊发长篇专文《刘禄铨:“湖南和平解放的第一个使者”》,高度评价了刘禄铨为湖南和平解放所做出的贡献。

刘禄铨是湖南民盟的主要创始人之一。1948年11月初,他和萧敏颂、余志宏、张梓敬等在萧家秘密聚会,分析形势,决定建立湖南民盟地下组织。大家推刘禄铨持萧敏颂致民盟总部的信件赴香港。刘禄铨到达香港后,先后拜会了民盟总部的萨空了、李相符、周新民、千家驹等同志。民盟总部同意在湖南建立民盟组织，批准了刘禄铨带去的民盟湖南省支部筹备委员会名单，并给湖南筹委取了个代号叫“苏湘民”。刘禄铨回湘后，传达了总部的决定，民盟湖南省支部筹委会于 1949 年 1 月 10 日正式成立，由萧敏颂任主委，刘禄铨负责秘书工作。此后民盟湖南省支部筹委会先后改称民盟湖南省支部执委会、民盟湖南省支部临时工作委员会，刘禄铨任委员。1952 年 10 月，民盟湖南省第一届支部委员会成立，刘禄铨当选委员。此后，由于刘禄铨是交叉党员，他主要从事中共党内工作，担任湖南省税务局副局长等职务，不再在湖南民盟担任职务。

王西彦

——著名作家

王西彦（1914—1999），作家，原名正莹，又名思善，浙江义乌人，1948年加入中国民主同盟。1986年加入中国共产党。曾任民盟湖南省支部临时工作委员会委员、湖南大学教授。

王西彦1937年毕业于北平中国大学国学系。1933年参加北平左翼作家联盟。抗战初期，赴武汉参加战地服务团。武汉沦陷后，到湖南《观察日报》和塘田讲学院从事编辑、教学工作。1940年到福建永安主编《现代文学》月刊。1942年后，先后担任桂林师院、湖南大学、武汉大学、浙江大学等校教授。1950年3月，被选为长沙市文联副主席。1952年、1953年，两次跨过鸭绿江到朝鲜战地采访。1953年，他调任上海《文艺月报》编委。1984年起任上海作家协会专业作家、副主席，中国作家协会第二、四届理事。1986年10月，任中国作家代表团团长，出访南斯拉夫，在贝尔格莱德国际作家会议上做了《文学应该相信自己的力量》的发言。1999年9月24日在上海逝世,享年85岁。

王西彦在“文革”中受到巨大冲击。“文革”结束,从“牛棚”中出来的王西彦成了巴金的挚友。王西彦常常外出散步至巴金家,因为走得多了,竟数出了步数,两家相距2300步。

王西彦是现代文学史上著名的乡土作家。他从18岁发表第一篇小说《残梦》开始,从事文学创作近70年,创作了100多部短篇小说和十几部中长篇小说、100多万字的散文以及大量的理论研究文章。著有长篇小说《古屋》《寻梦者》《神的失落》《村野的爱情》《微贱的人》《春回地暖》《在漫长的路上》,作品选集《王西彦中篇小说选》《王西彦小说选》(三集)和《王西彦选集》(五卷),回忆录集《焚心煮骨的日子》等。

王西彦是一位勤奋、多产的作家。他提出“把真实告诉人民”“我手写我心”等写作宗旨。巴金说他是“把心交给读者的”“读了西彦的文章,我仿佛又回到了但丁的世界”。1998年4月,上海作家协会和浙江师范大学举行了王西彦文学创作生涯65周年研讨会。巴金特意托女儿李小林送去花篮。研讨会上,杜宣赋诗一首:“八十五年岁月,寻章摘句生涯。是非成败且由它,只写心中实话。”王元化评价王西彦:“不降志,不辱身。不追赶时髦,不回避危险。”

王西彦1948年在长沙加入中国民主同盟,是湖南民盟早期的活跃人物之一。1950年2月,民盟湖南省支部临时工作委员会成立,他任委员,并担任机关报《民主报》副刊主编。1953年调往上海工作。

王西彦是第一届湖南省人大代表、政协上海市第一届委员会委员。

曹国智

——中华民族解放先锋队首倡者，曾任湖南省政协副主席

曹国智（1915—1999），女，湖南长沙人，1935年加入中国共产党，1944年加入中国民主同盟。曾任湖南省政协副主席。

曹国智1933年考入北平师范大学历史系，在校期间，她加入了中国共产党，参加了“一二·九”运动和“一二·一六”大游行及北平学生扩大宣传团，任妇女救国会党团书记。1937年大学毕业后回长沙，投入抗日救亡运动，参与组织“前进社”，为《前进》周刊撰稿。1939年冬参加广西干校战地工作团，率领学生奔赴抗战前线进行战地宣传。1941年赴香港。太平洋战争爆发后，回到内地，在湖南、广西中学任教。1949年长沙解放前夕，积极参加“迎解联”的工作。1949年代理行素中学校长。中华人民共和国成立后，曹国智历任省教育厅中等教育科科长、师范教育科科长、教学研究室主任、教育科学研究所所长，“文革”中受到冲击，下放到汉寿县清水坝“五七”干

校劳动,1983 年 4 月至 1986 年 5 月任政协湖南省第五届委员会副主席。1999 年 10 月 15 日在长沙逝世,享年 84 岁。

曹国智是坚定的革命者,被称为“中华民族解放先锋队首倡者”。中华民族解放先锋队简称“民先队”,在“一二·九”运动中诞生,是中国共产党领导的抗日救国先进青年组织。1936 年 1 月,中国共产党组织平津学生赴农村宣传抗日救亡活动。曹国智参加了南下宣传第二团,却遭到国民党镇压,学生队伍被关押到保定同仁中学。百余团员集合在中学礼堂中,连夜召开大会。大家一致认为应该将宣传团改为固定的长期性组织。在讨论组织名称时,曹国智说:“青年人是民族的希望,要发挥青年的先锋作用;发动全民族的抗日救亡运动,争取民族的独立解放是青年人的历史使命,所以,组织的名称应该叫作‘中华民族解放先锋队’。”曹国智的阐述博得全体团员的一致赞许。1936 年 2 月 1 日,中华民族解放先锋队正式成立,敖白枫担任第一任队长。而民先队的首倡者曹国智则接受了党组织新的任务,担任北平妇女救国会的党团书记。从 1936 年 2 月成立至 1938 年 11 月国民政府通令停止活动,两年多的时间里,民先队队员从最初的几百人发展到数十万人,从北平发展到全国各地,为抗日救亡运动的发展、抗日民族统一战线的形成、抗日战争的胜利做出了贡献。

曹国智是第三届全国人大代表,湖南省、长沙市首届人民代表,第五届湖南省人大代表,政协湖南省第五届委员会副主席。在省政协任职期间,她兼任学习委员会主任,重点抓教育组、妇女组,积极组织智力支边工作,做了很多实际工作。

曹国智是湖南民盟省级组织的创建者之一。她 1933 年与萧敏颂相识，1938年结为夫妻。1944年8月和萧敏颂在广西贺县由梁漱溟、陈此生介绍一道加入民盟。1948年起协助萧敏颂从事湖南民盟的创建工作，为湖南民盟的创立和发展做出了不可磨灭的贡献。

曹国智与萧敏颂是夫妻，伉俪情深。1957年萧敏颂英年早逝，她没有被苦难击倒，开始了后半生的独立奋斗。她继承萧敏颂遗志，将4个女儿抚育成才，大女笃宁是中科院研究员，享受国务院政府特殊津贴专家；二女笃宋是长沙市一中高级教师；三女笃宣是湖南大学教授；四女萧秦是湖南少儿出版社主任。她晚年陆续整理萧敏颂的文章、著作，并撰写了《萧敏颂与湖南民盟》等文章，出版了《40年祭——萧敏颂纪念集》《风雨80年——曹国智回忆录》等著作。

余志宏

——湖南民盟创始人之一、湖南和平解放功臣

余志宏(1916—1972),湖南民盟的创始人之一,湖南和平解放的功臣,湖南醴陵人,1938年5月加入中国共产党,1948年加入中国民主同盟。曾任接管湖南大学军代表兼秘书长。

余志宏1937年秋考取广州国立中山大学经济系。1938年春到桂阳从事民众训练工作。不久回到醴陵,任县民训总队指导员。1939年春在中共醴陵中心县委领导下,组织醴陵县荷里乡人民抗日自卫队开展抗日武装斗争。同年冬前往中山大学复学。1943年夏大学毕业后,先后任醴陵简易乡村师范教师、福建社会科学研究所助理研究员。1947年任湖南省政府专员,负责筹办《展望》杂志。后任王东原的秘书。湖南和平解放后,余志宏被任命为湖南大学等五所湖南高校军事接管代表兼湖南大学秘书长。1951年到中央马列学院学习。1954年调武汉大学任临时党委副书记兼副

教务长。1956 年协助李达重新创办哲学系，任系副主任兼党总支书记。1972 年 10 月在长沙去世，享年 56 岁。

余志宏是为湖南和平解放做出卓著贡献的功臣。1948 年 6 月，他到湖南大学任经济系讲师，并加入中国民主同盟。他被中共湖南省工委任命为统战工作小组（又称策反小组）组长，在省工委领导下，积极而又稳妥地开展策反工作，争取湖南省政府主席程潜及国民党湖南党政军中的中上层人士和平起义。他通过与程潜关系密切、思想倾向进步的湖南省政府顾问方叔章和程潜的族弟程星龄等，对程潜做了大量思想工作，使之逐渐转变了认识。从 1949 年 1 月起，他代表中共湖南省工委与程潜代表程星龄多次就湖南和平起义有关事宜进行商谈。在国民党第一兵团司令陈明仁从武汉调到长沙任长沙警备司令后，他代表省工委与陈明仁的亲信兼代表李君九等多次碰头，传达省工委的意见，协调程潜与陈明仁的行动。1949 年 4 月底，应程潜要求，他代表中共湖南省工委负责人与程潜见面，提出了释放一切政治犯，保护国家财产、机关、档案和工厂、交通、桥梁，不捕杀共产党人和革命群众等三点要求。当人民解放军渡过长江后，他根据省工委指示，动员程潜、陈明仁写备忘录，承认接受中共关于和平谈判的八项原则。程潜欣然同意，于 1949 年 6 月向中共湖南省工委递交了给中共中央、毛泽东主席的备忘录，表达了起义的决心和愿望。党中央、毛泽东立即做出了用和平方法解决湖南的决策。1949 年 8 月 4 日，程潜、陈明仁领衔向全国发出起义通电。8 月 5 日，人民解放军进驻长沙市区，湖南宣告和平解放。

余志宏因是湖南和平解放的功臣而名垂史册，却在“文革”

中遭到迫害，含冤去世。去世前，他写下一首五绝以明心志：“山谷林深听鸟鸣，一身潇洒等轻尘。丹心夜夜对明月，莫计生前死后名！”1980年10月，中共武汉大学党委为他彻底平反昭雪，举行了隆重的追悼会。王首道、曹瑛、杨献珍及他的其他师友、学生和许多单位发来唁电、唁函，一百多副饱含深情的挽联、挽诗、挽词挂满了会场四壁。《李达文集》编辑组所送的挽联：“功臣竟作罪囚，愤当时云暗神州，翘首问穹苍，几疑青史凭谁定？谗口难销铁骨，庆此际春回大地，临风怀亮节，始信真诠不我欺！”中共湖南省委书记周里写的挽联：“坚持革命，忠于人民，忆和平解放三湘，资君大力；冤屈喜昭，贤才痛失，听呜咽江流四水，和我悲歌。”1985年12月出版的《中共党史人物传》第26卷，载有余志宏传。《湖南和平起义》《黎明前的暗战》等影视剧，更是把余志宏作为重要人物，再现了他入虎穴、闯龙潭、叱咤风云的英姿。

余志宏是湖南民盟的创始人之一。1948年他与萧敏颂、刘禄铨、张梓敬等人酝酿成立民盟地下组织。1949年1月，民盟湖南省支部筹委会成立，他担任委员，负责宣传工作。两年后，余志宏离开了湖南。但他为湖南民盟创立所做出的贡献，将为历史所铭记。

周秉钧

——知名古汉语专家

周秉钧(1916—1993),古汉语专家,字源远,湖南汨罗人,20世纪50年代初加入中国民主同盟。曾任湖南师范学院(今湖南师范大学)中文系主任、湖南省文史馆馆员。

周秉钧1936年考入武汉大学中文系,1940年毕业后留校任中文系助教。1946年8月,调湖南大学任讲师。1953年起,历任湖南师范学院讲师、副教授、教授。1986年担任中文系主任。先后担任高教系列高级技术职称评审委员、中国训诂学会常务理事、湖南省语言学会理事长和名誉理事长等职。1993年6月在长沙逝世,享年77岁。

周秉钧是当代著名的古汉语专家。他师承刘博平、杨树达,专攻文字、音韵、训诂之学。其代表作有《古汉语纲要》《尚书易解》等。《古汉语纲要》被全国高校用作教材,至今读者甚众。《尚书易解》一书,杨树达为之作序,给予了极高的评价:“君既广览儒先之述作，复撷曾、杨之善说，其前此未及明者，便下己意，综合为此编，于是先儒所称佶屈聱牙号为不易读者，得君爬梳而整比之，庶几乎人人可读矣。”《中国青年报》曾向国外读者推荐介绍中国文化优秀著作，此书列于首位。其《白话尚书》，注释更为简明。周秉钧还主编了《古汉语学习丛书》，该丛书以科学性、实用性、指导性、资料性兼备而得到读者好评。周秉钧晚年作《说文一日笺》，获评为“或因声求义，或取甲骨全文证许书，尤多创识”。

周秉钧在古汉语学界树起了一座丰碑，可他十分低调，从不张扬。1991 年 10 月，他出席在河南漯河召开的首届许慎及《说文》学国际学术研讨会，报告会上，他出场前，主持人宣布“请当代经学大师周秉钧先生做报告”，顿时掌声雷动。晚上，与会的几位博士、硕士生集体拜访这位“当代经学大师”，他对大家说：“名不副实啊，师者是也，大则过誉。我不过是一个可以教经学的老师。况且很多说法还会常究常新，难成定论呢。”

周秉钧晚年患直肠癌住院，治疗一阵，病灶有所缩小，他便要求出院。大家劝他继续住院为好。不料他却给大家算起了一笔账：一户农民，五口之家，种五亩地，充其量收一万斤稻谷，每担谷以三十元计算，不过三千元收入。除去种子、农药、化肥、征粮代购、水电附加外，能净赚三分之一，就算不错了。他动情地说：“你我都是农民的儿子，一户农民一天的血汗还不及我一天的医药费啊！”

周秉钧曾担任政协湖南省第五届委员会常委。

2016 年 7 月 18 日，湖南师范大学隆重举行了纪念周秉钧诞辰 100 周年学术研讨会。

叶雨文

——知名药理学家

叶雨文(1916—2001),药理学家,广东梅县人,1953年加入中国民主同盟。曾任湖南医科大学(今中南大学湘雅医学院)药理学教授。

叶雨文1916年8月出生于马来西亚,就读于马来西亚关丹华侨小学。1929年至1936年,回到国内分别就读于上海浦东中学和广州知用中学。1936年考入上海医学院药学系,毕业后留校进修药理学,一年后任药理学助教,同时担任生理学、生物化学助教。1947年受聘到湖南长沙,任湘雅医学院药理学讲师,1952年任药理学副教授,1980年晋升为教授。历任中国药学会理事、中国生理学会药理学会理事、中国药理学会副理事长、中国药学会湖南分会理事长、湖南省新药审批委员会主任、药理教研室主任、临床药理国家培训中心主任等职。

叶雨文是我国现代药理学界德高望重的老前辈之一,从事药理学工作40多个春秋，为我国医药学事业的发展做出了重要贡献。20世纪40年代初期，他在上海医学院任助教期间，进行了蛙心肌和腓肠肌有机磷代谢的生化研究，在《中国生理学杂志》（英文版）上发表了两篇论文。在湘雅医学院工作期间，他指导和参加了中草药夹竹桃、人参、南北刺五加对心血管的作用及冬虫夏草对肿瘤免疫作用的科学研究，为挖掘和开发我国传统中草药做了大量积极而有益的工作。他还积极开展抗癫痫药丙戊酸类心血管作用研究，取得了较大突破。他治学严谨，知识渊博，为我国药理学教材及专著的编审做了大量工作。20世纪50年代中期，他参加了由张毅教授主持的《药理学》教材的编写工作，并主持了《药理学实验指导》。1979年，他和卞如濂教授合作主编了《基础药理学》。1984年，他又参加了江明性教授主编的《药理学》教材的编审工作。他还先后参加《药理实验方法学》和《临床药理学》（上下册）、《治疗学的药抑学基础》等药理学专著的编审工作。

叶雨文将他绝大部分精力和时间放在药理学教学和人才培养上。早在1956年，他就招收了硕士研究生。1978年，我国恢复了研究生招生制度。他先后招收了8名研究生，指导他们开展生化药理、肿瘤药理及心血管药理的研究。1981年，经国务院批准受聘担任博士研究生导师，从1985年起叶雨文招收了3名博士生，开展内源性生物活性物质的研究，为我国培养了一批药理学人才。

杜迈之

——湖南民盟创始人之一、知名民国报人

杜迈之(1917—1984),民国报人、文史专家,湖南民盟创始人之一,湖南桃源人,1945年加入中国民主同盟。曾任湖南省政协副秘书长、民盟湖南省委副主委。

杜迈之1943年毕业于云南大学政治系。求学期间,先后主编进步报刊《民主周刊》《国民日报》《民主报》。中华人民共和国成立后,曾任民盟湖南省委秘书长、副主委,还担任过长沙兑泽中学校长、湖南医学院马列主义教研组副教授。1951年参加湖南慰问团赴朝鲜慰问中国人民志愿军。1957年被划为右派,后安排在湖南省政府参事室任秘书。1980年4月获平反。1982年7月任湖南省政协副秘书长。1984年7月8日在长沙逝世,享年67岁。

杜迈之是湖南最早加入中国民主同盟、最早投身革命活动的盟员之一。在云南大学读书时,他接触了许多知名教授,接受了民主思想。1942年下半年,应西南联大著名社会学家袁方的邀请，参加了该校进步组织“十一学会”举办的学术讨论会。后结识罗隆基，经常与罗等畅谈时事。1943 年春，编辑《自由论坛》，该刊接受民盟成员投稿，传播民盟的主张，很快成为民盟组织的外围刊物。1945 年 6 月，杜迈之由罗隆基、周新民两人介绍加入中国民主同盟。7 月，任《民主周刊》主编。抗战胜利后不久，民盟云南省支部改选，杜迈之任秘书处主任，仍兼《民主周刊》主编。《民主周刊》公开宣扬民盟的政治主张，迅速反映国内政局的变化，批评国民党当局的独裁专制，受到广大读者的喜爱和支持，因此杜迈之遭到国民党特务的威胁和刁难。1947 年，《民主周刊》被迫停办，杜迈之离开昆明到福建，任福建社会科学研究所助理研究员、福建师专教师，继续开展民主斗争。1949 年 5 月回湘，任《国民日报》副主编。撰写了《自由与自由主义》一书，由中华书局印行。

杜迈之在湖南省参事室工作期间，积极从事文史资料工作，成为文史专家。著有《杨度传》《自由军史料集》《叶德辉评传》，并参加了《辞源》的修订工作。

杜迈之是湖南民盟和长沙民盟的主要创始人之一。1949 年 7 月下旬，担任民盟湖南省支部执委会委员兼长沙市分部筹备委员会主任，参加民盟湖南支部机关报《民主报》的筹办工作。《民主报》创刊后任主笔。中华人民共和国成立后，相继担任民盟长沙市分部主任，民盟湖南省支部第一届委员会宣传部副主任，民盟湖南省第二届委员会宣传部部长、秘书长，民盟中央候补委员。1984 年 2 月任民盟湖南省第七届委员会副主委。

杜迈之是首届、二届湖南省各界人民代表会议代表，第一届湖南省人大代表,政协湖南省第一届委员会委员、第四和五届委员会常委。

王晨牧

——知名诗人

王晨牧(1917—1990),诗人,原名王连亨,字季野,湖南衡阳人,1951 年加入中国民主同盟。曾任民盟衡阳市委副主委兼组织部部长、衡阳市文联主席。

王晨牧 1936 年考入湖南省立衡山乡村示范学校学习。毕业后长期从事教育和新闻工作。曾任衡阳车江陶淑小学、云集乡中心小学、衡阳县两湖乡中心小学、刚直小学、东安耀祥中学、大刚中学教员、校长等,并先后任《大华晚报》《力报》《弘报》《新时代》《新城日报》《小春秋晚报》《儿童导报》《实践晚报》编辑、总编辑等职。中华人民共和国成立后,入《新湖南报》新闻干部训练班学习,结业后调《新湖南报》副刊室任编辑。1950 年 3 月调回衡阳后,历任市立中学、市一中教员,市文化宫副主任,市文教局文化股长,市三中、市五中校长,市教师进修学校、市二中教员,市七中名誉校长等职。1984 年后历任民进衡阳市委会主委,民进湖南省委会委员、常委，衡阳市文联主席，衡阳市教育工会主席。1989 年离休。曾任湖南省作协理事、南岳诗社副社长、回雁诗社名誉社长等职。1990 年 10 月 7 日逝世，享年 73 岁。

王晨牧与著名文学评论家胡风有过密切书信交往，两人谈诗论文，堪称知己。1942 年，王晨牧在给胡风的信中写道："对于诗，这个庄严的命名，我从没有轻佻地去走近她。"这一句话深深地引起了胡风的共鸣。胡风在回信中说："你的这声音，对于近来罩着湿雾似的我的心情，有如一道阳光的访问。我想，只有对于诗真正抱有庄严之感者才能说得这样平易而又这样真诚的话。"正是王晨牧对诗歌的高度尊崇，触发了胡风对诗与人的关系的思考。未料，十多年后，这段与胡风的交情给他带来了灾难。1955 年，"胡风事件"爆发，王晨牧被打成湖南省最大的"胡风骨干分子"。后又在反右和"文革"中受到不公正待遇。直到 1981 年才获平反。

王晨牧一生致力于诗歌创作，发表诗作 500 余首。早年求学时，曾得到艾青、茅盾等的指导。1938 年在《文艺阵地》第一次发表诗作，受到茅盾的鼓励。此后在桂林《中国诗坛》《诗创作》、福建《现代文艺》、重庆《诗丛》及各地报刊发表诗作。40 年代末，出版《往日诗草》集。1984 年 2 月，诗集《向旷野这边开一个窗子》由湖南文艺出版社出版。王晨牧在诗集《后记》中说："由于记住过去的苦难历程，所以我十分珍爱和关切今天的社会，更要为它的明天继续贡献出自己的一切。"1976 年起参加《辞源》修订和王船山著作校点、注释工作。参与校注的《永历实录》，1982 年由岳麓书社出版。《中国文学家辞典》有王晨牧的传。

王晨牧曾任民盟衡阳市委会副主委兼组织部部长。他是第八届衡阳市人大常委，政协衡阳市第五、六届委员会常委。

李　鳌

——湖南民盟创始人之一

李鳌(1917—1998),湖南民盟的创始人之一,曾用名李文定,湖南邵阳人,1936年加入中国共产党,1946年加入中国民主同盟。曾任民盟湖南省委委员、省政协副秘书长。

李鳌1936年秋考入天津南开大学商学院。1938年2月结业后长期在湖南益阳、邵阳、湘西从事中共地下党的工作,担任过县委书记等职。1941年后由党组织安排潜入到国民党地方政府中任职。先后任贵州省财政厅科员,直税局主任科员、督导、代理科长,省财政厅视察等职。中华人民共和国成立后,任湖南省人民政府参事室参事。1951年任省工业厅小厂矿管理处组长。1954年任长沙市教育局副局长。1959年调省政协任学习委员会办公室副主任、文史资料研究委员会专职委员。1983年7月任省政协副秘书长。1988年任省政协文史资料研究委员会副主任。1990年5月离休。1998 年 4 月逝世，享年 81 岁。

李鳌是久经考验的地下革命工作者。1936 年 9 月加入中华民族解放先锋队，接受中共天津市委宣传部部长姚依林的领导。1937 年 2 月参与创办《世界》旬刊，负责编辑和发行。同年 9 月入延安中央党校第十班学习。1938 年 2 月被安排到湖南益阳开展党的地下工作，成立县委，担任书记。1939 年 6 月中共湖南省委决定成立常(德)益(阳)中心县委，他为领导成员之一，负责宣传工作。随后又调邵阳中心县委，仍分管宣传工作。年底调任中共湘西工委工作，1940 年 5 月接任湘西工委书记，开展湘西地区党的地下工作。由于白色恐怖日益严重，1941 年 1 月经组织安排其由沅陵潜至贵阳，以职业为掩护，继续为党工作。1943 年为原在湘西工作的地下党员龙仲、杨湘介绍工作并建立了党小组。1944 年冬，与周里商定建立中共湖南党组织与南方局之间联络站。1947 年 11 月在长沙和妻子一道被捕，1948 年 4 月出狱。

李鳌是湖南民盟的重要创始人之一。1946 年 5 月在重庆经杜迈之介绍加入中国民主同盟。1947 年 10 月，他受民盟总部周新民嘱托回湘开展建盟工作。但回湘后不久即被捕入狱达五个月之久。1948 年年底，他与萧敏颂等进行湖南民盟的筹建工作，于次年 1 月成立民盟湖南省支部筹委会，他任委员。此后，他先后担任民盟湖南省支部执委会、临时工作委员会委员，民盟湖南省支部第一、二届委员兼组织部副部长，民盟湖南省第三届委员会委员。他还担任民盟长沙分部委员兼组织部部长，1954 年选为民盟长沙市委员会副主委。

李鳌是第一、二届长沙市和湖南省各界人民会议代表，长沙市人民委员会委员，政协湖南省第一至第五届委员会委员、第六届委员会常委。

陈祜鑫

——著名血吸虫病学家

陈祜鑫(1918—1981),血吸虫病学家,湖南长沙人,1956年加入中国民主同盟,1981年加入中国共产党。曾任湖南医学院(今中南大学湘雅医学院)教授、血吸虫病研究室主任。

陈祜鑫1944年毕业于国立湘雅医学院,留院从事医学教育。1947年春,获雅礼协会资助,赴美国和加拿大进修寄生虫学。次年秋,陈祜鑫放弃正在攻读硕士学位的机会,毅然回国。在上海,设法找到中共地下工作者,提出奔赴解放区的请求。党组织根据当时战争发展的形势,劝他回长沙迎接解放。不久,陈祜鑫回湘雅医学院执教。1949年春,奉中共湖南省工委派遣到宁乡,在省工委领导的湖南人民解放总队湘中第一支队当医生,积极参加救护伤员的工作。中华人民共和国成立后,继续回湘雅医学院工作。1952年,晋升为副教授。1964年担任湖南医学院新成立的血吸虫病研究室主任。“文革”中受到冲击。1978年3月，被推选为出席全国科学大会的代表，因住院未能赴京。1981年3月26日逝世，享年63岁。

陈祜鑫是国内外知名的血吸虫病学家。中华人民共和国成立之初，洞庭湖区血吸虫病猖獗，中共中央指示湘雅医学院组织力量对洞庭湖区的血吸虫病进行调查并防治。陈祜鑫接受了这个艰巨而光荣的任务。1950年6月，他带领6名青年师生来到岳阳县，创建了湖南省第一个、全国第二个血吸虫病防治研究所，亲任所长。其时，他正受肺结核病的浸染。他不顾个人安危，带着妻室儿女，安家洞庭湖，开展查螺查病和防病治病工作。1975年，他把实验室建在华容县隆西公社。他住进鸭棚，不顾蚊虫叮咬，通宵达旦，连续观察螺卵从一个细胞逐步发育成虫的全过程，记录24小时内钉螺孳生地的水温、泥温和气温变化的数据。通过对岳阳、汨罗、华容、澧县、临澧等湖滨20多个县、市的调查研究，他掌握了洞庭湖区血吸虫病的流行规律及流行原因，对疫区分型及形变、病人归转与接替现象等，提出了创造性的见解。他首次提出的“围垦”“不围而垦”和抬洲降洲灭螺法，是把防治与生产相结合的创举。他从理论上总结的“二线三带”学说，得到同行的高度评价。他首次在国内开始研究和使用尾蚴膜反应这一诊断血吸虫病的办法，率先在本省提出和推广血吸虫病综合查病程序，写下100多万字的教材和学术论文。其专著《血吸虫病的研究与预防》在国内有很大影响。

陈祜鑫毕生致力于血吸虫病的防治，即使是身处逆境仍矢志不渝。1969年清明时节，他被囚押在地下室里，仍惦记着洞庭湖疫区人民的安危。他夜观星象，结合自己在湖区多年见闻，预计将有湖水猛涨，数以万计的劳动力可能会感染血吸虫病。于是他连夜给省里写信，提出防止血吸虫感染的建议，获得重视与采纳。1978 年复出后，他身患癌症，仍带病工作。1980 年 10 月，他应邀出席了在菲律宾马尼拉召开的第十届热带病和疟疾国际会议，在会上做了《湖南省血吸虫病流行特点》的学术报告，受到各国同行的高度评价。临终之前，他还特意把血防研究人员找到床边，商量开展口服药物预防和实验室免疫预防研究的新课题。他逝世后，洞庭湖区人民哀思无限，送来一副挽联："爱党献国为人民，春蚕丝尽；呕心沥血灭小虫，桃李芬芳。"

2016 年，为庆祝湘雅医学院诞辰 100 周年，中南大学拍摄了《百年湘雅 · 群星璀璨》电视专题纪录片，在中央电视台老故事频道"杏林纪实"栏目陆续推出，其中第六集题为《陈祜鑫：寄生虫克星》。

萧　艾

——知名古汉语文字学家、中国文学史专家

萧艾(1919—1996),古汉语文字学家、中国文学史专家,原名萧家林,笔名林园、碧芜、一芜等,湖南省宁远人,1951年10月加入中国民主同盟。曾任民盟湖南省委委员、湘潭大学中文系教授。

萧艾早年肄业于上海持志大学(今上海外国语学院前身)。1938年至1939年间,就读于贵阳第二西南联大,获文学学士学位。1939年秋赴广西玉林两广盐运处任编译,后担任无锡国学专修学校讲师、西江学院副教授。1942年春回衡阳,先后在硝磺厂、粮政局工作。1945年在长沙师范学校执教,任《湖南日报》主笔、《平民杂志》发行人。1948年夏担任长沙市市长秘书。1949年8月,任湘雅医学院院长秘书兼马列主义教研室主任。1955年在"胡风事件"中受到冲击,下放益阳。"文革"时被捕入狱。1979年获平反,任湘潭大学中文系教授。1990年任湖南文史馆馆员。

1996 年 4 月 15 日逝世,享年77 岁。

萧艾从学生时代起就接受进步思想,投身民主运动。“八一三”战事期间,他加入战地服务团。后又参加由中共领导、进步作家发起组织的“工农兵文艺通讯网”,被任命为宁远通讯站负责人。此间他参与创办《宁远时报》,并任副刊总编。在广西桂林期间,他主编《国际论坛》。在长沙师范任教期间,支持进步学生彭保运筹办《萌芽》旬刊,萧艾在课堂上宣讲革命,受排挤辞去公职。湖南和平解放前夕,他打入《湖南日报》社,以主笔身份做掩护,联系进步人士,加强与何汉文、蒋昆、刘岳厚、汪士楷、段梦晖等军政文化各界要人的联络,为湖南和平解放做出了贡献。

萧艾是知名的古汉语文字学家、中国文学史专家。著有《殷契偶拾》《甲骨文史话》《王国维评传》《王湘绮评传》《王国维研究论丛》《六言诗三百首》《王国维诗词笺校》《雪溪丛稿注释》等。《王国维评传》在国内外颇有影响,上海《书林》、北京《读书》、美国《明报月刊》等刊物,均介绍过该书。离休后出版《〈世说〉今译》《世说探幽》,在国内外引起强烈反响。《澳门日报·学海》1994 年 10 月发表专稿,称其为“史学大师”“陈寅恪后所仅见”。此外还校勘了古籍两部:《历代社会风俗事物考》和《四库全书总目提要·子部终校》。

萧艾一生坎坷,历经沧桑。他早年投身革命,以身效国。晚年致力于学术,成就卓著。中年却身陷囹圄,蒙冤达 25 年之久。爱妻也因缺医少药,在 39 岁时英年早逝。他此后数十年没有再娶。

萧艾经杜迈之、曾楚樵介绍加入民盟，先后当选为民盟湘潭大学支部主委，民盟湖南省第一届支部候补委员，民盟湖南省第七、八、九届委员会委员。

萧艾是政协湖南省第五届委员会委员、第六届委员会常委。

王振华

——知名心血管病专家、曾任民盟湖南省委代主委

王振华(1920—2004),心血管病专家,福建福州人,1957年加入中国民主同盟,1983年加入中国共产党。曾任民盟中央委员、民盟湖南省委代主委、名誉主委,湖南医学院(今中南大学湘雅医学院)教授。

王振华1938年秋考入湘雅医学院,1946年毕业,留校担任内科医师。1950年8月任湖南医学院内科学讲师。1951年担任湖南医学院附属医院检验科副主任。1953年担任内科学基础教研组主任。1957年被划为右派。"文革"中受到冲击。1978年获平反。同年晋升为副教授。1980年担任湖南医学院附一院内科教研组主任。1985年晋升为教授。还先后被聘为中华内科学会委员,中华心血管病学会湖南分会副主任委员及名誉主任委员,中华内科杂志、中华心血管病杂志和临床心血管病杂志编委,湖南医科大学学报副主编,国家自然科学基金委员会学科评审组成员,湖南省卫生

厅科技评奖委员会副主任委员、主任委员，湖南卫生厅药品审评委员会委员。2004年5月于长沙逝世，享年84岁。

王振华精通英语，兼识俄文，熟悉内科各分科专业理论和技能，特别在心血管病研究方面有较深造诣。发表了50多篇论文。其中，《冷加压试验心光搏动图诊断冠心病的探讨》《生脉散对缺血心肌的保护作用和改善心功能的研究》《多普勒超声心动图检测左、右心功能》《冠心病患者血小板功能和形态学研究》等5项成果获湖南省科委成果奖、省卫生厅科技成果奖。担任《内科治疗学》编委，撰写了心肾专题七个章节，参与编写《现代诊疗新技术》中有关心血管病的部分，主编第五版《农村医生手册》。此外，还主编有《内科治疗手册》《心律失常心电图诊断与治疗》《心电图学基础》《实时二维超声心动图》和《临床超声心动图学》等著作。

王振华努力培养人才，奖掖后进。早在20世纪50年代，他就主办过四届全国心电图学习班。1982年起受卫生部委托，每年举办一届全国心血管病高级医师进修班，为国家培养了一大批心血管病高级人才。

王振华先后担任民盟湖南省第七届、八届委员会副主委，第九届委员会副主委、代主委，第十届、十一届委员会名誉主委，为湖南民盟事业的发展做出了贡献。

王振华是政协湖南省第四届委员会委员，第五、六、七届委员会常委。

马少侨

——知名苗瑶史专家

马少侨(1920—2006),诗人、苗瑶史专家,又名远兼,字政交,号啸樵,晚年又号晚晴楼主人,湖南隆回人,1956 年加入中国民主同盟。曾任民盟省委委员、民盟邵阳市委会主委。

马少侨 1943 年毕业于华中美专,1949 年 4 月在安化参加革命。历任宝郡联中、武冈师范、邵阳市二中文史教师。1957 年被划为右派,1979 年获平反。1998 年 1 月任湖南文史馆馆员。还担任中国民族史学会、中华诗词学会会员,湖南诗词协会副会长,邵阳市政协文史资料征集委员会副主任,邵阳诗词协会会长等职。2006 年 9 月 16 日逝世,享年 86 岁。

马少侨为知名苗瑶史专家,对苗瑶民族史的研究有独到的见解。先后在《历史教学》《史潮》等刊物上发表《太平天国前夕湖南天地会李元发的起义》《太平天国革命时期贵州的苗民起义》等论文，并撰写出《清代苗民起义》和《湖南苗族人民革命斗争》2 部专著，在国内外学术界产生了较大的反响，其论点、论据被多种史学刊物引用或转载，英国剑桥大学《剑桥晚清中国史》两处引用他的论述，并将其书列入《参考书目》。其楚辞研究主要论文有《窜三苗于三危新释》《天问犬体新证》等约 60 余万字。其学术专著有《邵阳历史钩沉》《楚辞新证》。有学者称他为苗瑶历史研究的开拓者、梅山文化研究的奠基者、楚辞文学研究的创新者、宝庆人文研究的推进者。

马少侨工于古典诗词。1946 年加入"南社湘集"诗社。共有诗词作品 1000 余首。诗词专集有《马少侨诗词选》和《马少侨诗词续选》。1992 年，他以一首"气吞河岳笔如椽，墨涌奔湍遍野烟。开辟鸿蒙通地脉，展舒云彩出天然。已闻世界无前手，还盼人才有后贤。我祝石翁春永驻，铺平沧海写长笺"诗获台湾石翁艺术馆征文金奖，为增进海峡两岸友谊做出了贡献。他与盟员、原政协邵阳市副主席陈新宪合作，编辑出版《邵阳文史》与《邵阳文史丛书》，深受国内外文史爱好者的喜爱与好评。在他的积极呼吁下，湮没 30 多年的"松坡图书馆"得以恢复。

马少侨曾任民盟湖南省第八届委员会委员，民盟邵阳市第五届委员会主委。他还是政协湖南省第五届委员会委员、政协邵阳市第四、五、六届委员会常委。

彭燕郊

——杰出诗人

彭燕郊(1920—2008),诗人,原名陈德矩,福建莆田人,1951 年加入中国民主同盟。曾任民盟中央委员、湘潭大学中文系教授。

彭燕郊 1936 年至 1937 年就读于福建龙溪简易师范。1938 年投笔从戎,参加中国共产党领导的抗日武装新四军,1938 年至 1940 年在新四军第二支队政治部、军司令部战地服务团、军政治部敌军工作部工作。1941 年至 1946 年任桂林《力报》副刊编辑,中华全国文艺界抗敌协会桂林分会常务理事,创作部副部长、部长。1946 年至 1949 年任《广西日报》副刊编辑。1947 年被国民党当局逮捕,囚禁近一年。中华人民共和国成立后,赴北京参加全国第一次文代会。1950 年至 1953 年任湖南大学中文系副教授,参与筹组湖南省文联和筹办《湖南文艺》,任湖南省文联常务理事和《湖南文艺》编委。彭燕郊 1953 年至 1955 年在湖南师范学院任副教授,反右"文革"中受到冲击,1978 年获平反。1979 年 3 月起任湘潭大学中文系副教授、教授,同年到北京出席全国第四次文代会。他还担任中国民间文学研究会理事、湖南分会副主席,湖南省文联委员,第一、二届全省高校教师职称评审委员会文科组组长,湖南现代文学研究会会长等职。1984 年退休后定居长沙,从事文学创作。2008 年 3 月 31 日在长沙逝世,享年 88 岁。

彭燕郊被称为"老一代中国诗人中艺术创造力最旺盛、艺术开拓性最强劲的诗人"。他是"七月派"代表诗人之一,1939 年开始发表作品,其《冬日》《岁寒》《雪天》等诗作成为抗战诗歌的代表性作品,收入各种文学选本。长诗《春天:大地的诱惑》曾被当时无数进步文学青年传诵。《小牛犊》《殡仪》《村庄被朔风虐待着》等是新诗中表现中国农村和农民生存状态的经典之作。他在国民党牢狱中用生命谱写的狱中诗,更是中国新诗中的异彩。1978 年复出以后,彭燕郊的创作进入了一个全新的境界,他被誉为"中国新诗的南岳"。他的《钢琴演奏》《过洞庭》《家》等诗脍炙人口。散文诗《无色透明的下午》《德彪西〈月光〉语译》《门里门外》等,都是新诗史上前所未有的作品。其长诗《生生:五位一体》《混沌初开》引起强烈反响,被誉为"构筑起 20 世纪汉语的精神史诗"。其诗学论著《和亮亮谈诗》对世界现代诗歌发生、发展流向的开拓性论述,至今犹有新意。他还主编《世界诗坛》《现代世界诗坛》以及《诗苑译林》《犀牛丛书》《现代散文诗译丛》等丛书,在全国文学界、文化界产生了巨大的影响。

2008 年 1 月,88 岁的彭燕郊完成了生命中最后一首诗《叠水》。他写道："一路汹涌，一路奔流。一路释放力和能。"他呼喊："我还没有完全冷却！"两个月后，诗人与世长辞。搜狐等媒体以"一代文学大师彭燕郊逝世"为题予以报道。

彭燕郊曾任第六届全国人大代表，民盟中央第五届委员会委员，政协湖南省第二、四届委员会委员。

陈 荩

——中国选矿学先驱者和开拓者

陈荩(1921—2005),著名选矿学家,云南凤庆人,1952 年加入中国民主同盟。曾任中南工业大学(现为中南大学)教授、民盟中南工大支部主委。

陈荩 1941 年 9 月至 1945 年 5 月,考入云南省公费留美预备班学习。1945 年 8 月赴美国留学。1945 年 9 月至 1947 年 3 月在美国科罗拉多矿业学院学习。1947 年 3 月至 1949 年 6 月在美国犹他大学学习。1950 年 1 月回国。1950 年 3 月至 1953 年 2 月,先后在北洋大学、北京工业学院、北京钢铁学院等高校任副教授。1953 年 3 月到中南矿冶学院选矿系任教。1980 年 3 月晋升为教授。1985 年 4 月被国家教委批准为博士生导师。此外,陈荩还曾担任中南工大校学位委员会委员、中国选矿情报网细粒分选委员会主任、中国高校选矿工程学会理事、《国内外选矿快报》编委、美国细粒学会海外通讯委员等职。2005 年 2 月 12 日去世,享年 84 岁。

陈荩是当代中国选矿事业的先驱者和开拓者之一。他在复杂矿物资源综合利用、微细粒选矿、硫化矿浮选、组合力场分选理论及其技术、装备、黄金非氰提取工艺等领域，进行了一系列开创性的研究工作，取得了丰硕成果。在他的指导下，建成了湖南省第一座石墨选矿厂、中国第一座锑矿浮选厂、世界上第一台连续脉动高梯度磁选机，在国内外获得广泛应用，为国家换取了大量外汇，取得显著的经济与社会效益。

陈荩学术成果丰硕，发表论文300余篇。出版著作和译著有《铜的选矿》《硫化矿物浮选电化学》《选矿浆体流变学及其应用》和《选矿浆体流变学》。1955年，他受聘为美国细粒分选海外顾问。1956年，美国纽约州科学院聘其为该院院士。1984年曾应邀到美国哥伦比亚大学等三所院校访问讲学，经常与美国、加拿大、英国、澳大利亚、瑞典及日本专家教授进行通讯学术交流。1994年，国际选矿最权威期刊《国际选矿杂志》来函邀请他担任编委会委员。1997年，其简历被美国《科学与工程专家名典》收录。曾荣获冶金部重大科技成果奖，化工部科技成果二等奖，国家教委科技进步二、三等奖。1991年被国务院授予突出贡献专家称号，享受政府特殊津贴。

陈荩学识渊博、治学严谨，为人师表、鞠躬尽瘁。他倾注毕生的精力和心血，为我国矿物加工事业培养了一批又一批优秀人才。他的学生遍布世界各地，大多成为企事业单位的中坚力量和学术带头人。

陈荩曾担任中国民主同盟中南工大支部委员、支部主委。陈荩是政协湖南省第五、六届委员会委员，1987年被评为政协先进个人，出席了湖南省各民主党派及工商联为四化建设做贡献表彰大会。

陈　寅

——农作物病理学领域的巾帼英豪

陈寅(1921—2011),植物病理学家,女,福建福安人,1951年加入中国民主同盟,1984年加入中国共产党。曾任湖南农业大学教授、民盟湖南省委副主委。

陈寅1940年考入江西中正大学农学院农学系,1944年毕业,获农学学士学位。大学毕业后,先后在江西宜春袁山中学、青年中学、长沙市纯德女子职业学校当教员。中华人民共和国成立后,任长沙市周南女子中学英文教员。1951年调湖南农学院任植物病理学助教,1954年晋升为讲师。1953到1954年赴北京农业大学进修植物病理学。1958年后担任湖南农学院植物病理教研室副主任、主任。1978年晋升为副教授,1981年晋升为教授。1993年退休,被湖南农业大学植保系聘为顾问。此外,还曾担任中国植病学会理事、中国植保学会理事、中国植病学会中南区分会副理事长、湖南省植病学会理事长、湖南省植保学会副理事长、湖南省科委专家顾问委员会委员等职。2011 年 4 月 17 日于长沙逝世，享年 90 岁。

陈寅是著名的植物病理专家。她联系生产实际开展科研，取得显著成效。首次发现杂交水稻推广过程中一种凋萎型病害症是凋萎型白叶枯病所致，首次在国内证实白叶枯病菌与水稻之间存在着特异性互作，并指导研究生开展了病理生化研究。她还首次鉴定一种黄单胞杆菌为水稻褐鞘病病原，并探明了湖南省水稻细菌性条斑病流行规律，鉴定水稻细菌性褐条病病原。1978 年和 1983 年两次获湖南省“三八红旗手”称号。1978 年获湖南省科学大会先进个人奖。1983 年获全国“三八红旗手”称号。1991 年经国务院批准，荣获有突出贡献的专家称号，享受政府特殊津贴。

早在 20 世纪 50 年代，陈寅为适应教学需要，译有苏联 T. П. 多布洛兹拉柯娃著的《植物病理学实验指导》和苏联 A. A. 耶符拉霍娃著的《研究昆虫疾病及应用微生物学方法保护植物指南》出版，还与他人合译日本农学会编写的《亚洲水稻》。她主编了《湖南主要农作物病害及其防治》，自编了《植物病理学基础》《农业植物病理学》《茶树病害》《果蔬病害》等教材，参加编写全国统编教材《农业植物病理学》和《植物病理学》，并与他人合编了《水稻细菌性病害研究进展》。

陈寅治学严谨，高风亮节。由她帮助设计，但未参加实际工作的项目，在发表文章和报成果奖时从不署名。例如“柑橘无病毒苗繁殖体系及技术研究”课题由她申报、制订计划，在实施过程中又经常督促检查，帮助探讨解决技术难题。该项目在 1994

年获湖南省科技进步一等奖。因该研究由多家机构协作完成，人员较多,她为了让中青年能排上名,在申报成果奖时谢绝署名。

陈寅先后当选为民盟湖南省第四、五、六届委员会委员,第七届委员会常委,第八届委员会副主委。

陈寅是第六、七届全国人大代表,政协湖南省第二、三届委员会委员。

见百熙

——知名选矿学家

见百熙(1922—1993),选矿学家,曾用名吴文,良乡人,1947年加入中国民主同盟。曾任长沙矿冶研究院选矿药剂室主任、教授级高工。

见百熙1940年考取辅仁大学化学系。1944年毕业,获理学学士学位,因成绩优秀免试升入该校研究生院,1946年毕业,获理学硕士学位。同年执教于北京大学医学院,任讲师。1955年调中国科学院北京化学所任助理研究员,1957年被划为右派。1958年调冶金部长沙矿冶研究院。1978年晋升为副研究员。1979年,右派问题得到平反改正,担任长沙矿冶研究院选矿药剂室主任、学术委员会委员及技术顾问等职。1988年晋升为教授级高级工程师。此外,还曾担任中国金属学会选矿学会药剂组副组长、全国有色金属学会委员、《有色金属》杂志编委、湖南省金属学会常务理事、湖南省环境科学学会常务理事、《矿冶工程》

编委等职。1987 年 3 月离休。1993 年 2 月 15 日逝世,享年 71 岁。

见百熙长期致力于选矿药剂研究,在开发我国贫红铁矿的浮选技术和有色金属矿特别是钨锡矿浮选拔术方面做出了贡献,在国内同行中享有盛誉。20 世纪 60 年代,他负责研制成功的混合甲苯胂酸,作为锡石浮选的捕收剂,应用于广西大厂,使我国细粒锡石浮选获得成功,并使这项技术跨入世界先进行列。20 世纪 70 年代,他研究腐殖酸铵(钠)作为铁矿石的絮凝剂,曾先后用于湖南祁东铁矿和鞍山钢铁公司齐大山铁选矿的工业试验,均获成功。

见百熙治学严谨,注意追踪学科发展动向,数十年积累了几万张文摘卡片,他先后参加了五届北京选矿年度报告会,介绍有关选矿药剂国内外的发展动向。合著有《高等药物化学》《英汉金属矿业辞典》,译著有《化学药物的化学与工艺学》。他的专著《浮选药剂》,前后共写了 20 年,约 76 万字,是他多年研究成果的综合和总结。1981 年由冶金工业出版社出版后,获首届全国优秀科技图书奖。国内一些高等院校将该书列为相关专业本科生教学或研究生学习的主要参考书。他的重要论文《浮选药剂的分子结构及其规律性》,运用药物化学原理指导复杂的选矿药剂研究,曾由美国《化学文摘》摘要转载。

见百熙经吴晗等介绍加入民盟。先后当选政协湖南省第四届委员会委员、第五届委员会常委。

胡为柏

——知名选矿学家

胡为柏(1922—2001),选矿学家,江西玉山人,1951 年加入中国民主同盟。曾任民盟中南矿冶学院(现为中南大学)支部组长,中南矿冶学院选矿系主任、教授。

胡为柏 1945 年毕业于交通大学唐山工学院矿冶系,获学士学位。毕业后即赴美留学,1948 年获美国犹他大学选矿学专业硕士学位。中华人民共和国成立后,历任北洋大学副教授、北京工业学院教授。1952 年中南矿冶学院组建,胡为柏南下,担任选矿系主任。1955 年,他与黄培云、赵天从一道参加了 1956—1967 年国家科学技术远景发展规划制定。胡为柏还担任国家科委矿业工程组委员。1957 年被划为右派,受到处分。1962 年摘帽,改任教员,1979 年获平反。1978 年晋升为教授。1979 年 11 月,应国际细粒选矿学术讨论会组织委员会主席的邀请,担任该讨论会特性组主席。次年 2 月,出席国际细粒选矿学术讨论会。

此外，他还担任国务院学位委员会第一、二届学科评议组成员等职。1989年定居美国。2001年3月离世，享年79岁。

胡为柏懂五国语言，精通英、俄、德、法、日文，能译专业论文。他长期从事选矿工程的教学和研究，公开发表论文80余篇。1951年，他在商务印书馆出版了专著《冶金计算》《中国的铜铝锌》。主编《浮选》，合著《矿物工程数学模型》，为中国选矿事业做出了巨大贡献。

胡为柏注重培养学生国际化视野，早在20世纪70年代，他就要求学生们一定要学英语，平时交流尽可能讲英语。中国工程院院士邱冠周就是胡为柏的研究生，他后来多次说，导师的严格要求使他终身受用。

胡为柏1951年11月在北京入盟，负责筹备民盟北京工业学院支部。调中南矿冶学院工作后，任学院民盟支部组长。1953年，介绍中南矿冶学院院长陈新民加入中国民主同盟。1954年初，民盟区分部成立后，担任组织委员。

伍大希

——闻一多弟子、《最后一次演讲》整理者

伍大希(1922—2016),湖南新化人,民盟早期活动家,1946年加入中国民主同盟。曾任湖南师范大学文学院教授。

伍大希1940年至1945年先后就读于国立师范学院、广西大学、西南联大、云南大学,学了史地、中文、法律三个专业,先后师从钱钟书、冯至、熊庆来、闻一多、曾昭抡等著名教授。毕业后留在云南继续从事民主运动,后被捕入狱。1949年8月回湖南,在《湖南教育》杂志社工作,任编辑、副主编。伍大希1957年被划为右派,1958年以"反革命分子"之罪被判处三年有期徒刑。1979年获平反。1980年被安排进入湖南教育学院(后并入湖南师范大学)中文系工作,先后任副教授、教授。2016年1月3日在长沙病逝,享年94岁。

伍大希是民盟早期活跃分子。他是闻一多的弟子,也是闻一多《最后一次演讲》的整理者。1944年初,他考入昆明西南联大,因《黔西行》《过盘县》两首诗得到闻一多的赏识。1946年5月,经闻一多和吴晗介绍,加入中国民主同盟。他协助闻一多组织了“争取和平万人签名”活动,并在闻一多的指导下参与筹办《民主报》。每次集会讲演,伍大希总是紧随闻一多左右,进行现场组织和记录。1946年7月15日上午,在李公朴被害报告大会上,闻一多发表了义正词严的演讲,伍大希认真做了记录。当天下午,闻一多在《民主周刊》主持召开中外记者招待会,揭露国民党当局暗杀李公朴的罪行,回家路上突然遭到特务狙击,身中8枪,当场牺牲。闻一多牺牲后的第二天,他生前主持的《民主周刊》推出最后一期,由伍大希等人记录并整理的《最后一次演讲》刊于其中,成为历史绝唱。闻一多牺牲后,伍大希遵照先生的嘱咐,留在昆明以教书做掩护,继续从事进步活动。1948年6月17日,伍大希参加了昆明大中学生反美示威大游行,并发表演说。10天后,被国民党秘密逮捕,遭受了残酷审讯之后,被关进“特刑监”,直到1949年4月20日才出狱。

伍大希晚年成为“理想使者,青年之友”。他以其特殊的革命经历和演讲才能应邀到全国20多个省市做过上千场《信念、理想、人生》《在金钱、爱情、事业、生命面前》等的演讲。他向广大青年进行爱国主义、革命传统教育和人生观、价值观教育,所到之处,座无虚席,受到热烈欢迎,被誉为“人文素质教育资源的新发掘者”。他的长篇演讲《四十年来家与国》曾在长沙市人民广播电台反复播放,感动了无数青年学子。1999年,年近80岁的他应邀在湖南省政府大礼堂做专题讲座,大家无不称赞他的演讲震撼人心、鼓舞人心。2002年,湖南文艺出版社出版了他的文集《七十年来家与国》一书。

2009 年 1 月 21 日下午，中共省委常委、统战部部长李微微在民盟湖南省委主委杨维刚等陪同下，来到湖南师范大学亲切看望慰问老盟员伍大希，向他致以新春的祝福。

张梓敬

——湖南民盟创始人之一

张梓敬(1923—1984),湖南民盟创始人之一,湖南宁乡人,1948年加入中国民主同盟。曾任民盟湖南省委委员、湖南农学院(今湖南农业大学)外语教研室讲师。

张梓敬1941年考入北平民国大学,中途退学。1946年任教湘潭私立复兴中学。1948年创办《新时代》周刊。1949年10月,参加慰问团赴常德慰问解放军二野十三兵团。随后,任《大刚报》主笔。1952年调湖南农学院马列主义教研室任讲师。1957年被划为右派。1978年获平反,先在湖南农学院子弟中学任英语教师,不久回学院外语教研室工作,担任英语师资班教师、省《公共外语》杂志编辑等职。1984年4月2日逝世,享年61岁。

张梓敬很早就追随革命,是民国时期的进步报人。在北平求学时期,就在一些中共地下党员和进步教授如翦伯赞、侯外庐、谭丕模、张天翼等人的影响下,逐步走上了革命道路。1942年9月,由于他传阅《新华日报》,被当成共产党员,遭当局逮捕,被关押在宁乡县政府,随后又被投进了国民党设在衡阳的集中营,监禁达五个月之久。1945 年 3 月,由于参加革命活动,思想“左”倾,被勒令退学。此后,他参加了中共地下党员汪澍白等组织的中共外围组织“世纪社”,负责《新潮日报》《天下文萃》等进步刊物的编辑与发行工作。1948 年 6 月,他联络余志宏、傅白芦、唐士义、刘禄铨、萧敏颂、黄定成等,在他爱人张宝智和岳母的资助之下,在长沙筹办《新时代》周刊,从事革命宣传,团结了一大批新闻、文化界的进步人士,办刊工作也掩护了不少中共地下党员。《新时代》周刊共发行了 23 期,影响遍及全国。

张梓敬是湖南民盟的创始人之一。1947 年起,他和刘禄铨、余志宏、萧敏颂等同志,着手从事湖南民盟地下组织的筹建工作。他曾赴香港与民盟总部建立联系,并不遗余力地多方奔走,广泛联系新闻文化界的同志,发展民盟组织,开展地下斗争。在民盟筹建过程中,张梓敬、张宝智夫妇经常将自家的钱、财、物拿出来支持民盟工作。

1949 年 1 月 10 日,民盟湖南省支部筹委会经民盟总部批准正式成立,张梓敬任筹委会委员,后又担任民盟湖南省支部执委会委员、临时工作委员会委员,先后负责组织工作与秘书工作,担任组织部副部长。中华人民共和国成立后,他被选为长沙市各界人民代表会议代表、长沙市协商委员会委员。

张梓敬逝世后,民盟湖南省委没有忘记这位湖南民盟的主要创建者及其家人。每年春节前,民盟省委的有关负责人和机关干部都要前往张梓敬家,看望张梓敬的遗孀张宝智女士。2016 年 1 月 27 日,张宝智女士去世,享年 91 岁。

龚耀先

——知名医学心理学专家

龚耀先(1923—2009),医学心理学专家,湖南益阳人,1957年加入中国民主同盟。曾任《中国临床心理学杂志》主编、中南大学湘雅二医院教授。

龚耀先1946年考入武昌华中大学教育系,1950年7月毕业后留该校文学院心理学教研组进修一年。1951年到湘雅医学院神经精神教研室从事心理学教学和临床心理学科研工作,任助教。1955年到中科院心理室进修,1957年在北京大学心理系进修。1962年调入湘雅二医院,1978年晋升为副教授。1983年创办《中国临床心理学杂志》并任主编,晋升为教授。1986年,受聘为博士生导师。他还先后担任中国心理卫生协会副理事长、中国心理学会常务理事、中国心理卫生协会心理评估专业委员会主任委员、中国心理学会医学心理专业委员会主任委员、湖南省心理卫生协会理事长等职。2009年9月3日去世,享年86岁。

龚耀先是我国知名心理学家。20世纪50年代，他主要从事人类高级神经活动类型和脑电生理研究，是将巴甫洛夫学说引入我国精神病理学研究的早期学者之一，也是我国精神病学和心理学领域脑电生理方面早期研究者之一。代表性著作和论文有《高级神经活动学说译丛》《用实验室和行为观察的方法来确定正常成人高级神经活动类型特点的初步经验》《强迫状态患者高级神经活动的实验研究》《神经衰弱患者皮层过程障碍的脑电图与临床的研究》等。自20世纪60年代开始倾注全部精力，致力于临床心理评估的研究。1962—1966年期间，在《心理学报》和《中华神经精神科杂志》上发表了一系列有关联想和分类测验研制及应用性的论文。“文革”结束后，他致力于我国心理测验研究工作的恢复，成为我国该领域卓越的领导者之一。他先后牵头研制了临床心理测验30余套，在我国心理学、教育学、医学、人力资源、军事和司法等领域得到了广泛应用，产生了很好的学术影响和社会效益，在国际同行中有较高的知名度，为我国心理测验研究工作的迅速恢复做出了重要的贡献。为此，他先后获得多项国家级科技成果奖。其中，《韦氏成人智力量表在我国的修订》获1991年度国家科技进步三等奖，《常用智力、神经心理及人格测验的研制及推广应用》获2000年度国家科技进步二等奖。1987年，他被评为湖南省优秀科技工作者。2004年，被中国心理学会授予终身成就奖。

龚耀先从教50余年，为我国的医学心理学教育事业做出了较大贡献。他曾主编国家规划教材《医学心理学》以及《心理评估》、《心理学大词典》医学心理学分卷、《中国心理科学》中医学心理学部分、《心理咨询百科全书》心理测验分卷等教材、著作和工具书10余部。1985年开始任湖南医科大学博士生导师，培养了40名硕士和博士研究生。从1979年起，受卫生部委托，牵头举办了全国心理测验学习班100期，学员总人数达7000余人，龚耀先为我国心理学应用型人才队伍建设殚精竭虑。1993年，他创办了《中国临床心理学杂志》，该杂志现已成为我国高水平的专业刊物之一。1989年，他获全国优秀教师称号。

龚耀先是国际知名的心理学家。1983年受美国科学院邀请，作为当年中国六名知名学者之一到美国华盛顿大学和哈佛大学进行为期2个月的学术交流，在这两所学校同行中引起了很大的反响。1996年，一位美国临床心理学教授在其文章中称龚耀先为"中国临床心理学卓越的开创者之一"。

龚耀先曾任政协湖南省第六届委员会常委。

黄道奇

——曾任湖南省人大常务委员会副主任

黄道奇(1924—2011),原名黄维中,湖南湘潭人,1945年加入中国民主同盟,1947年加入中国共产党。曾任湖南省人民代表大会常务委员会副主任、党组副书记,中共湖南省委常委、组织部部长。

黄道奇1924年3月出生于湖南湘潭县一个富裕家庭。1947年毕业于中山大学。1948年1月,在衡阳市开展地下工作。曾任中共衡阳县工委书记、湖南人民解放总队下属团队政委。中华人民共和国成立后,先后任衡阳县人民政府县长、中共衡阳县县委书记、中共湖南省委宣传部理论教育处处长。1961年,在反右运动中,被错误处理下放到湘潭地区农科所工作。1979年3月,中共湖南省委撤销了对其的错误处分决定。1979年12月以后,历任中共株洲市委统战部部长、株洲市人民政府副市长。1983年1月任中共湖南省委常委、组织部部长。1985年7月任第六届湖南省人大常委会副主任、党组副书记。1988 年当选第七届湖南省人大常委会副主任、党组副书记,第七届全国人大代表。1995 年 7 月离休。2011 年 4 月 8 日在长沙逝世,享年 87 岁。

黄道奇勤于笔耕,他对马列原著逐字逐句、深入细致地进行解读,写下了大量的研读笔记。他说:“我以周恩来同志(所说的)‘活到老,学到老’为座右铭。退休后我想多看点书,研究一下马克思主义的种种问题,特别希望了解一下西欧学者的研究意见,于是恢复了过去读书的劲头,日夜苦读、苦想,还做了一些笔记。”他先后出版了《论马克思主义形成的历史来源》《读书笔记》《共产主义问题读书札记》和《顾准论古代希腊城邦及其他》四大本笔记,共计 100 多万字。时任中共湖南省委书记、省人大常委会主任张春贤称赞他:“研究成果丰硕,思想深邃,精神感人。”

黄道奇 1945 年在重庆加入民盟,1946 年在中山大学读书期间,在中大民盟领导小组组长涂西畴的发动下,加入中大民盟组织,是中大民盟七人领导小组成员之一。他们积极开展工作,迅速将盟员发展到 70 多人。1948 年 1 月,黄道奇回湖南后,继续以盟员身份为掩护,开展策动和平起义的地下工作,为湖南和平解放做出了贡献。

陈常铭

——知名昆虫学家

陈常铭(1924—2012),昆虫学家,湖南东安人,1956年加入中国民主同盟。曾任民盟中央委员,湖南农学院(今湖南农业大学)教授、昆虫教研室主任。

陈常铭1945年到1949年在湖北农学院植物病虫害系学习,获农学学士学位。毕业后一度在家乡任中学生物教员。1949年夏,他在家乡参加了湘南人民民主联军东安纵队。1950年3月,他应李凤荪邀请,到湖南大学农学院植物病虫害系任助教,并协助整理《中国经济昆虫学》文稿(1952年出版)。1953年到1954年在中国科学院昆虫研究所进修昆虫生态学。此后历任湖南农学院讲师、副教授、教授,昆虫教研室副主任、主任,兼湖南农学院学术委员会委员、植保专业主任、昆虫生态研究室主任。此外,还曾担任中国昆虫学会、中国植物保护学会、中国生态学会理事,湖南省科学技术协会委员,《植物保护学报》《昆虫学报》《生物防治通报》和

《湖南农学院学报》编委，中国科学院动物所昆虫生态室兼职教授，中国科学院环境生态研究中心系统生态室顾问，中国科学院长沙农业现代化研究所学术委员、特邀研究员等职。1994 年 9 月离休。2012 年 2 月 10 日逝世，享年 88 岁。

陈常铭治学严谨、著述颇丰，在昆虫生态学的研究与应用上做出了突出贡献。他对稻田群落、害虫与天敌的关系、害虫综合治理、生物防治等方面进行过许多开拓性研究，在水稻害虫综合防治上成绩卓著。主编、合编出版专著 19 部，翻译出版科技书籍 6 部，发表科研论文 88 篇，科研成果获省部级科技进步二等奖 2 项，省级三等奖 2 项。他先后发起筹建湖南省昆虫学会、湖南省植保学会、湖南省生态学会及湖南省蜂业协会，被选为副理事长、理事长等职。1992 年起经国务院批准享受政府特殊津贴。

陈常铭呕心沥血，诲人不倦，特别注重激发学生学习的主观能动性。他所培养的研究生中有多人已成为国内外的知名专家和科技领军人物，其中包括美国杰出青年科学家、美国总统奖获得者、国家 973 项目首席专家、长江学者、国家杰出青年基金获得者等，为学界撒播了一大片科研火种，享誉国内外。

陈常铭曾任民盟中央第五、六、七届委员会委员，民盟湖南省第四、五、六届委员会委员。他还是政协湖南省第四、五、六届委员会委员。

何光年

——知名书法家

何光年（1925—2003），书法家，字继纯，号半楼，湖南长沙人，1982年加入中国民主同盟。曾任长沙工艺美术专科学校校长。

何光年两岁时，父母双亡。由父好友抚养。年6岁，入附近自立学校读书。后入一私办补习学校就读，师从多位饱学先生，打下了坚实的国文和书法基础。1946年到长沙《市民日报》工作，先后任校对、编辑。1947年至国民党长沙市党部任干事，同年夏加入国民党。1948年至衡阳《大华晚报》任副刊编辑。同年12月至华容县政府任机要秘书。1949年8月，长沙和平解放。入省保险公司干训班第一期，结业后分至株洲市人民银行保险代理处。1954年到一棉织厂任会计。1956年调职校教高中语文，到省教师进修学院中文系进修5年。“文革”中受到冲击。1978年因病退休。1987年被聘为湖南省文史研究馆馆员。他还是中国书法家协会会员、湖南省书协名誉理事，担任过湖南省诗词协会顾问、湖南省海外专家学者联谊会顾问等职。2003 年 6 月去世，享年 78 岁。

何光年是实力派书法家。他精于行草，结字十分严谨，奇中求正，险中求平，线条干净利落，章法错落有致，运笔富于节奏感和韵律感。1983 年其作品参加中日书法艺术交流展，在北京及东京展览两个月。作品编入日本出版的《日中书道艺术交流展作品集》，湖南仅他一人入选。他还先后参加全国第一、二、三届书法展。作品先后辑入《中国现代书法选》《中国书画》《当代楹联墨迹选》《毛泽东诗词字帖》《黄鹤楼藏古今名家书法选》《当代湖南书法选》等，并流布于日本、韩国、印尼、新加坡、马来西亚、加拿大、美国、法国、巴西及中国港台地区。1987 年冬，湖南省书协与湖南大学岳麓书院联合为其举办了“何光年诗书展”。所著《光年自书诗稿》1993 年由湖南美术出版社出版发行。

何光年晚年因为身体原因以左管作书，与苏州费新我等并称为全国“四大左笔”书法家。与何光年交往颇深的诗人熊东遨曾作诗云：“望月湖边处士何，一根铁脊耐消磨。偶凭只手书王字，不换名声不换鹅。”

何光年还写过大型戏曲剧本《林则徐》《李香君》《王昭君》《汉宫怨》《武则天》等。《武则天》一剧于 1960 年在长沙市连续上演两月，场场客满。几十年中写诗不下千首，大多散失。1979 年著有诗词《半楼集》印行。

何光年 1982 年担任民盟湖南省委主办的长沙工艺美术专科学校校长。同年冬与李立两人代表湖南民盟参加在天津市召开的民盟全国美术会议。会议开了12天，他的书法和李立刻印受到与会人员及天津各界的称赞，求印求字者络绎不绝。1983年7月，因病卸任美专校长。

李　立

——“一代神刀”、金石书画大家

李立(1925—2014),金石书画家,原名心挚,因自幼爱石成痴,自号石庵,后更名李立,号立翁,湖南省湘潭县(今株洲县)人,1957年加入中国民主同盟。曾任民盟湖南省委文化委员会主任、民盟书画院名誉院长、湖南省轻工业专科学校教授。

李立从小受到金石、书画艺术的熏陶。1944年中学毕业后,他进入设在湖南的华中美术学校。1946年考入杭州国立艺术专科学校雕塑系。中华人民共和国成立后,分配在长沙市八中任教。“文革”期间受到冲击。1984年调长沙铁道学院艺术系任教。1989年调湖南高等轻工业专科学校工艺美术系任教。还曾担任过中国书法家协会理事,中国书法家协会湖南分会副主席、顾问,西泠印社社员,湖南省工艺美术书画研究会会长,中南工业大学、株洲工学院客座教授,湖南省文史研究馆馆员等职。2014年12月11日在长沙逝世,享年89岁。

李立习金石篆刻，经过半个世纪的不懈探索，法古师今，博采众长，终成名家。其风格刚劲简练，古朴雄奇，达到了炉火纯青的境界。其于书法国画亦有很高的造诣。其篆书先临习《秦峰山碑》，后师法吴《天发神谶碑》，甲骨、钟鼎、小篆、竹简、铁线，皆有自己风格。其花鸟画师法齐白石和潘天寿，讲究运笔，水仙、红梅、墨荷、杜鹃尤得人们喜爱。

李立以篆刻享誉海内外。先后出版了《毛泽东诗词印谱选》《李立金石书画集》《篆刻技术十讲》《文天祥正气歌印谱》《齐白石印章的研究与欣赏》等作品集和学术著作。先后为党和国家领导人胡耀邦、杨尚昆、江泽民、李鹏、乔石、万里、姚依林、宋平、王震、方毅、田纪云、钱其琛等人治过印，也为梅兰芳、茅盾、吴冠中、赵少昂等文艺界知名人士刻过图章。日本前首相中曾根康弘、竹下登曾来信索要他的印章。其作品还作为国家礼品赠送给外国元首或在外国展出。其篆刻作品 5000 多枚传到五大洲 20 多个国家和地区。其作品先后选入《中日二十人书法联展》《中国书法艺术展》《现代中国著名印人三十二家》。他还在日本、德国、芬兰、泰国等国家和地区举办过书法展。1995 年 5 月 11 日，中央电视台以“东方之子——金石书画家李立”为题，专门报道了他的艺术成就，称赞他为“一代神刀”“国宝级大师”。

李立曾得到艺术大师齐白石的指点。1942 年，17 岁的李立将自己的刻石拓印一册，寄给在北京的齐白石。齐白石给他回信说，“刀法足与余乱真”“可喜可畏可惭也”，并鼓励他“始先必学于古人，或近代时贤，大入其室，然后必须自造门户，另具自家派别”。1955 年，李立到北京西单跨车胡同上门拜访了齐白石，齐白石老人留他一起聚餐，倾心长谈，将自己多年积累的创作经验和盘托出。20世纪90年代初，李立整理出版了《齐白石印章的研究与欣赏》一书。

李立曾任民盟湖南省第九届委员会文化委员会主任、民盟湖南书画院名誉院长。还曾任政协长沙市委员会常委。

董来炜

——知名胃癌研究专家

董来炜(1926—1990),肿瘤专家,江西南康人,1956 年加入中国民主同盟,1984 年加入中国共产党。曾任衡阳医学院(现为南华大学医学院)教授、学术委员会主任,政协衡阳市委员会副主席,民盟衡阳市委主委。

董来炜 1943 年 9 月入赣州江西省立医学专科学校,1945 年 3 月休学服役福建上杭青年军 209 师,次年 9 月复学。1947 年 7 月毕业留校任助教,从事病理解剖学研究。中华人民共和国成立后,1950 年调湖南医学院病理教研室任教。1959 年调衡阳医学专科学校(后为衡阳医学院),任病理解剖教研室负责人。1962 年调湖南医学院附二医院从事临床医疗工作。1965 年再调衡阳医学专科学校任教。“文革”中遭受冲击,1969 年夏被遣送江西南康农村劳动。1974 年回到衡阳医学专科学校病理解剖教研室任教。1978 年获平反。同年晋升为副教授，担任衡阳医学院学术委员会主任、病理解剖教研室主任。1987年被聘为湖南省高教系列、卫生系列职称评审委员会委员，湖南省肿瘤防治办顾问组顾问，中国抗癌协会衡阳市分会理事长。1990年元月逝世，享年64岁。

董来炜是知名的肿瘤专家。他专攻胃癌，在衡阳医学院相继建立起肿瘤研究室和临床病理及免疫实验室。亲自动手繁殖和饲养试验用大白鼠，观察试验效果，自主人工合成了致癌药物MNNG（甲基—硝基—亚硝基胍）。在用MNNG诱发大白鼠腺胃胃癌实验中，通过反复摸索，改变日本学者的实验方法，采用"连续定量限期"的给药方法，提高了诱癌率，并成功复制出近似人类胃癌的大白鼠腺胃胃癌的动物模型，引起同行们的极大关注和兴趣。他通晓英、俄、日、德四种外语，先后发表论文10余篇，其《MNNG诱发大白鼠腺胃胃癌的病理形态学研究》获1980年湖南省卫生厅科技成果二等奖、湖南省科委科技成果三等奖。1985年，其《MNNG诱发狗微小胃癌前期病变的病理形态学研究》获湖南省卫生厅科技成果三等奖。其《鼻咽癌脱落细胞的病理形态观察》《家兔实验性主动脉粥样硬化的病理形态观察》《胃黏膜膈上皮化生和增生》曾获湖南省科学大会奖。

董来炜曾任民盟湖南省第七届委员会委员、第八届委员会常委，民盟衡阳市第八、九届委员会主委。1984年，他被推选参加民盟中央在北京召开的全盟为四化服务经验交流会。

董来炜是第七届全国人大代表，第六届湖南省人大代表，政协衡阳市第五届委员会常委、第六届委员会副主席。

黄光珀

——电力机车专家、国家科技进步奖一等奖获得者

黄光珀(1926—2006),电力机车专家,广东大埔人,1986 年加入中国民主同盟。曾任中国南车集团株洲电力机车研究所教授级高级工程师。

黄光珀 1944 年 7 月毕业于中山大学工学院,获工学学士学位。1949 年在香港纺织用品制造厂担任设计员,1950 年在沈阳车辆厂担任技术员、工程师。1961 年调株洲电力机车研究所工作,历任工程师、高级工程师、教授级高级工程师。1992 年退休。2006 年 9 月逝世,享年 80 岁。

黄光珀是韶山 4 型(SS4)电力机车的主要设计者之一。该车是八轴货运电力机车,是国家"六五"科技攻关项目之一,根据铁道部提出的"机车设计任务书",由株洲电力机车研究所和株洲电力机车厂共同研制。1988 年 6 月 15 日,韶山 4 型电力机车通过了国家级产品鉴定,被认为性能指标达到了 20 世纪 80 年代

初期国际上直流相控电力机车先进水平。黄光珀负责机车车体设计，提出并采用特殊设计方案，使韶4型整体承载式车体具有重量轻和强度大的特点，在解决机车超重问题上起了关键作用。1988年12月，黄光珀获铁道部科技进步一等奖，1989年7月又获国家科技进步一等奖。

黄光珀曾在铁道部、株洲电力机车研究所期刊和其他刊物上发表论文30多篇，近40万字。黄光珀出版了《机车的垂向振动和有关悬挂减振设计的研究》《机车减振橡胶件》等著作，在铁路系统享有很高的声誉。

唐荫荪

——知名翻译家

唐荫荪(1927—1996),作家,翻译家,笔名唐古拉,湖南常德人,1948年加入中国民主同盟,后加入中国共产党。曾任湖南人民出版社译文室主任。

唐荫荪1948年大学毕业,中华人民共和国成立后,参加"湖南省新闻干部培训班",结业后被分配到中共湘阴县委任通讯干事,不久调省新闻出版处,旋即调《新湖南报》担任编辑。1957年,他被打成右派,下放到汨罗屈原农场改造。1979年获平反,调湖南人民出版社译文室任编辑,后任主任、副编审。1988年离休。1996年逝世,享年69岁。

唐荫荪是知名翻译家。1941年开始发表作品。1995年加入中国作家协会。译著有诗论《谈诗的意象》《拜伦与友人谈诗》《论现代派抒情诗》《帕斯捷尔纳克的晚期诗》,诗集《佩恩·沃伦诗抄》《布罗茨基诗抄》《戴·赫·劳伦斯诗抄》《东方沙漠之歌》《王尔德散文诗》,诗选《加里·斯奈德诗选》《亨利·泰勒诗选》,小说《马克·吐温短篇小说选》《爱伦·坡短篇小说选》《磨坊风波》《理智与情感》《克雷杜克夫人》《亚瑟王的故事》《名人生活片断》《鲁宾逊漂流记》等,其中《爱伦·坡短篇小说选》《理智与情感》《克雷杜克夫人》《亚瑟王的故事》为与别人合译,名著改写故事《哈姆雷特》《罗密欧与朱丽叶》,主编《世界文学名著缩写本》丛书36种。

李鸣高

——知名文化人类学家

李鸣高（1927—2010），作家、民俗学家，笔名林河，湖南绥宁县人，侗族，20世纪80年代加入中国民主同盟，后又加入九三学社。曾任湖南省文联副主席。

李鸣高1948年毕业于长沙音乐专科学校。中华人民共和国成立后，先后在长沙《社会日报》《湘潮晚报》《实践晚报》《新生报》以及湘潭《建设报》工作。1956年6月后任湖南省文联《新苗》文学月刊编辑、编委。1958年2月被划为右派，下放到株洲新生工程队、娄底斗笠山煤矿劳动。1962年1月后回到《湖南文学》编辑部工作，后为《湘江文学》编辑，《楚风》副主编、主编。1988年任湖南文史研究馆馆员，1989年至1995年任省文联副主席。1995年享受国务院政府特殊津贴。2010年10月4日逝世，享年83岁。

李鸣高是一位有成就的作家。他1948年开始发表作品。

1957年进修于鲁迅文学院，1984年加入中国作家协会。著有戏剧剧本《盘花》、剧本集《年年笙歌》、长诗《春风吹开桃花朵》以及小说集《侗族短篇小说选》等。作品曾获湖南省首届青年创作奖二等奖，1956年湖南省优秀作品奖，1984年全国民族团结征文二等奖，全国小剧本一等奖。曾出版《文艺湘军百家·林河卷》。

李鸣高是知名文化人类学家，被誉为“傩文化研究第一人”。他1979年重返文坛后，主要从事民俗学研究。论文《侗族民歌与越人歌的比较研究》破译千古之谜《越人歌》，被认为是楚文化研究中的一大突破。与他人合撰的《马王堆汉墓飞衣帛画与楚辞神话、南方民族神话比较研究》一文，在《民间文学论坛》发表后，获该刊首届“银河奖”一等奖。《城步苗族太阳神崇拜》一文，获上海《民间文艺季刊》首届“飞鹰奖”优秀论文奖。著有《傩史——中国傩文化概论》《古傩寻踪》《中国巫傩史——中华文明基因初探》《巫风与神话》等，受到广泛赞誉。先后荣获中国文联与中国民间文艺协会联合颁发的“山花奖”民间文艺成就奖、中国屈原学会“成果卓著奖”、湖南省社会科学优秀成果奖、湖南省文联个人成果一等奖。中国海峡两岸关系协会会长汪道涵在一次党代会上，曾到湖南代表团住地来寻找李鸣高，对他的作品很感兴趣。北京大学季羡林教授看了他的《中国傩文化概论》，称赞道：“确实不错，是本好书……这本书对我们研究长江文化，乃至东方文化都有益处！”著名民族学、民俗学、民间文学专家，中国文联书记处书记白庚胜则认为《中国巫傩史》的出版“是对‘中华文明断代工程’的有力补充，堪称人文科学研究中的巨著，解决了前人和今人所没有解决的一系列学术疑难”。

李鸣高1954年任湘潭地区人民代表大会人民代表，1987年任长沙市东区人民代表大会人民代表，1988年1月任第七届湖南省人大常委。

朱定尔

——知名生物化学家

朱定尔(1928—2009),生物化学家,幼年别名亲谷,湖南双峰人,1995 年加入中国民主同盟。曾任湘雅医学院(今中南大学湘雅医学院)教授。

朱定尔 1952 年毕业于湘雅医学院,获学士学位,留校任教。1953 年 8 月结业于中南同济医学院生化高师班,回湖南医学院(湘雅医学院更名)生物化学教研室工作,历任助教、讲师、副教授、教授。1954 年至 1961 年,他担任教研室科研秘书和学校研究室秘书,筹建了生化研究实验室。1978 年后历任生化教研室第一副主任(行代主任职)、生化研究室主任、分子生物学研究室主任等职,并为生化教研室硕士研究生指导小组组长。1984 年作为访问学者,赴美国耶鲁大学医学院访学。1986 年受聘为密歇根大学医学院高级研究员,是年 4 月因病返国。此外,还曾任卫生部医学科学委员会生物化学与分子生物学专业委员会委员、中国生物化学学会理事、湖南省生理学会理事、湖南省生物化学学会副理事长、《湖南医科大学学报》编委、《国外医学——生理病理分册与临床》编委、《湖南医药》杂志编委等职。2009年在长沙逝世,享年81岁。

朱定尔先后发表论文40余篇,出版专著、译著达10余种。1964年,他受卫生部委托,组织由国内18所院校参加的全国生化常数和血红蛋白病的研究学习班,任班主任。他在该班用统一的标准方法进行了我国首批生化常数测定研究。这一项目为我国生化常数研究奠定了基础。1964年秋,这个班由他担任副组长,负责组织实验室全部技术工作,进行了一项全国性大协作的血红蛋白病调查研究,与广西医学院、天津血液学研究所等单位合作,在广西南宁地区进行了异常血红蛋白和地中海贫血发病率和基因频率普查。首次在国内发现六种不同血红蛋白类型,迄今仍为学术界所公认,曾获1978年全国科学大会奖。1972年,他与同事共同开展的针刺镇痛原理的研究,首次发现中脑和丘脑的5-羟色胺与针刺镇痛有关,其研究成果亦获1978年全国科学大会奖。1980年代初,他在DNA(脱氧核糖核酸)水平上研究地中海贫血的基因组织结构的变异,并在中国人中发现首例非缺失型δ/β—地中海贫血。

朱定尔致力于生物化学人才培养。在他的建议下,湖南医学院建立了"分子生物学研究室"。在他的努力下,该室成为国家重点实验室和生物化学与分子生物化学博士学位点。他先后培养硕士研究生25人、博士研究生4人,其中包括后来成为中国工程院院士的刘德培等,为我国生化专业人才的培养做出了贡献。

文忆萱

——知名戏曲史家、戏剧艺术活动家

文忆萱(1928—2010),戏曲史家、戏剧艺术活动家,女,笔名易宣、一凡,湖南泸溪人,1951 年加入中国民主同盟。曾任民盟湖南省委委员、省艺术研究所副所长。

文忆萱 1947 年进入南京东方语文专科学校攻读马来西亚语和英语专业。1949 年 7 月,参加中共地下党外围组织“公务员工协会”。8 月至省教育厅任图书管理员。同年 10 月加入中国共产主义青年团,曾任团工委副书记。中华人民共和国成立后,留省教育厅工作。同年 11 月随省土改工作团赴茶陵县参加土改,先后任资料员、工作组长、工作队长等。1950 年元月,到武汉中原大学教育学院政治系学习。1951 年调入湖南省戏曲改进委员会,任干事。1955 年在湖南省戏剧工作室任秘书兼剧目组组长。1957 年 6 月被划为右派,“文革”中作为“小邓拓”遭批判,1969 年 3 月被迫返回丈夫原籍涟源县农村。1958 年至 1978 年间,先后在株洲砂轮厂、湘潭地区艺术剧院湘剧团、涟源县财溪公社任养殖组长、剧团编剧、生产队社员。1979年调回省戏曲研究所工作,任剧目组负责人。1983年起,担任主持工作的第一副所长。1986年任调研员。此外,还曾担任省戏曲文学学会会长、湖南省戏剧家协会副主席、中国剧协理事、省文史研究馆馆员。2010年2月10日逝世,享年82岁。

文忆萱在戏曲史的钩沉、编写、研究和传统戏的挖掘、整理、改编上业绩卓著。她先后创作改编上演了大小戏曲剧本近100个,其中《破窑记》《捞月》《荆钗记》等获得第二届全省戏曲会演剧本一、二等奖。还为湘潭市湘剧团创作改编了《二度梅》等16个大戏剧本60余万字。她还将《破窑记》《荆钗记》改编成昆曲剧本,由湖南省昆剧团演出。组织编选《湖南地方戏曲丛刊》21集共250万字。校勘高、昆腔传统剧本《南游记》《目连传》《混元盒》等5集共100万余字。在戏曲文学评论和戏曲基础理论方面,她发表相关文章及专论超过50万字。组织编撰《高腔剧目初探》一书,启动了湖南剧目研究工程,具有开创性意义。自1982年起,担任国家艺术学科"六五"期间重点科研项目《中国戏曲志·湖南卷》执行主编,湖南卷编辑部被文化部表彰为先进集体,其个人被授予一等奖。1986年起担任《湖南地方剧种志》丛书主编,该丛书获得文化部科研成果一等奖。

文忆萱是一位戏曲教育家。湖南戏曲界中,得她帮助提携的后进举不胜举。在创作研究方面,有颜梅魁、刘星宜、黄维若等数十人。在表演方面,有万金红、杨宗道、陈依白、唐国华等近100人。

文忆萱历任民盟湖南省文化支部、总支主委,民盟湖南省委委员。

周作翰

——知名科学社会主义研究专家

周作翰（1927—2013），浙江东阳人，1951年加入中国民主同盟，1952年加入中国共产党。曾任民盟湖南省委文史委员会副主任、湖南师范大学教授。

周作翰1948年考入国立师范学院（现湖南师范大学）教育系。1949年4月，参加地下党领导的学生组织"方生社"。1952年毕业后先在湖南大学从教，后到湖南师范学院从事马克思主义理论教学和青年团工作，是该校团工委第一副书记兼宣传部部长。1954年考入中国人民大学，1956年研究生毕业回到湖南师范学院从教。1980年被评为副教授。1984年，他积极参与创建科学社会主义硕士学位点。1987年任教授。1994年离休后返聘执教，并协助建立科学社会主义博士学位点。2003年4月，中共湖南省委、省政府授予他"荣誉社会科学家"称号。2010年因身体原因离开教学与研究岗位。2013年2月15日在长沙逝世，享年 86 岁。

周作翰是湖南师范大学政治系的创始人之一，科学社会主义与国际共产主义运动史硕士学位点和省级重点学科的奠基人。曾担任湖南省第三届社科联主席团成员、中国国际共运史学会顾问、湖南省世界政治经济与国际共运史学会理事长等职。他主编并参与撰写了《国际共产主义运动史》《国际共运史话》《社会主义思想史》《社会主义大辞典》《行政管理学教程》《现代行政管理学》等 8 部著作，出版了《恩格斯的社会主义观》等 3 部学术专著。他在《人民日报》《光明日报》《求是》《政治学研究》等报刊发表论文 180 余篇，其中 1981 年发表的《修正主义问题探讨》一文，建议党中央今后取消反修防修的提法，受到中宣部重视。之后不久，“修正主义”这一概念在中国政治领域成为历史的陈迹。1984 年他与他人合作发表的《我国社会主义时期“左”倾思潮的理论剖析》一文，深入分析了“左”倾错误的表现、谬论、危害和根源，产生了较大社会反响，为肃清“左”倾错误做出了理论贡献。2001 年和 2008 年分别出版了《求真思录》和《求实笔谈》两本文集，在行业内获得广泛好评。

周作翰先后担任民盟湖南省委统战理论研究会第一、二届理事会理事长，并担任湖南省统战理论研究会理事，为湖南民盟的统战理论研究和参政党理论研究做出了较大贡献。1991 年，其统战研究论文《论邓小平同志对毛泽东统一战线思想的继承与发展》在《求是》杂志上发表，产生了较大影响。

王向天

——曾任湖南省人民政府副省长

王向天（1930—1992），湖南长沙人，1948年加入中国民主同盟，1949年加入中国共产党。曾任中共湖南省委常委、省人民政府副省长。

王向天1948年9月考入国立师范学院（现湖南师范大学）历史地理系。读书期间，曾任学校中共地下党支部书记、学生会主席。1951年入湖南省委党校学习。1952年5月到宁远县土改工作队工作。同年6月调湖南大学任系党总支副书记，后任教育科副科长。1953年2月调长沙市政府文教部党委任干事。1954年任中共长沙市委宣传部秘书。1954年至1968年，先后在中共湖南省委高校党委、省文教部、省委宣传部及省委肃反办公室材料组工作。1968年9月，到湖南省革委会毛泽东思想学习班学习。1969年被下放到绥宁县武阳公社茅坪大队劳动。1971年至1983年1月，先后任湖南省五七干校总校教育组副组长，省教育局高教处处长、副局长，省教育厅厅长、党组书记。1983 年 1 月，任中共湖南省委常委、宣传部部长。1985 年 7 月，任中共湖南省委常委、省人民政府副省长兼省教育委员会主任。1991 年 4 月，当选湖南省第七届人大常委会副主任。曾任国家教委副总督学、中国教育学会副会长。1992 年 3 月 20 日逝世，享年 62 岁。

王向天入盟后，以盟员身份为掩护从事地下工作，为促进湖南和平解放做出了贡献。

王步标

——知名运动生理学家

王步标(1930—),运动生理学家,湖南省武冈人,1982年加入中国民主同盟,1985年加入中国共产党。曾任湖南师范大学体育系主任、教授。

王步标1950年3月考入广西大学生物系,1952年在全国大学院系调整中,转入武汉华中师范学院生物系。1954年考入成都四川医学院解剖生理研究班,1957年毕业,被分配到长沙师范专科学校体育科任教。1958年9月在成都体育医院进修运动创伤。结业后曾一度执教于湖南体育学院。1961年后执教于湖南师范学院体育系。1984年任湖南师范大学体育系主任。1985年晋升为教授。此外,还曾担任湖南省生理学会理事、湖南省体育科学学会副理事长、教育部高师体育专业教材编委会副主任、中国体育科学运动医学委员会委员、中国体育科学学会体质研究会委员、中国高等教育学会体育研究会理事、湖南省高等教育学会体育研究会理事长等职。

王步标是知名运动生理学家，与北京体育大学王瑞元教授合称运动生理学领域的“二王”。他长期从事体育运动的基础研究和应用研究，重点研究“青少年体质”“运动生理”“运动创伤”等内容，先后撰写论文30余篇，多次获论文奖和科技成果奖。由他主持的《中国青少年儿童身体、形态、机能和素质的研究》，获1982年国家体委颁发的体育科技成果一等奖和体育运动荣誉奖章。他研制成功的“运动创伤膏”，获1978年湖南省科学大会重大科研成果奖，1981年正式投入生产，1985年获国家银质奖，远销东南亚等7个国家和地区。

王步标注重教学教法改革、教材编写和学科定向研究工作，取得显著成绩。受教育部委托，先后主持举办多届全国高师运动生理进修班，为全国体育院系培养近60名运动生理教师。1976年，他发起并参与南方六院校联编《运动生理卫生》教材，该书被全国近30个体育院系采用。1981年他主译了美国《运动生理学》一书，被全国大多数院校采用为教学参考书。1981年至1983年，他主持编写了供全国高等师范院校使用的《运动生理学》《人体生理学》两本教科书。1989年他的“高师体育专业生理学课程建设”研究成果，获普通高等学校国家级优秀教学成果奖和省级一等奖。1985年获湖南省优秀教师称号，1986年被评为国家教育委员会劳动模范，并获人民教师奖章。1993年获曾宪梓教育基金会高等师范院校教师奖一等奖，享受国务院政府特殊津贴。

王步标曾任民盟湖南省第七、八、九届委员会常委。他还是政协湖南省第六届委员会常委，并担任省政协文教卫体委员会副主任。

余明光

——知名黄老思想研究专家

余明光（1935—），黄老思想研究专家。湖南长沙人。1986 年加入中国民主同盟。曾任民盟湘潭市委主委、湘潭市人大常委会副主任、湘潭大学教授。

余明光 1951 年至 1956 年在长沙市公安局西区分局工作。1960 年毕业于中山大学历史系，获历史学学士学位。1960 年至 1968 年在江西大学任教。“文革”期间被下放到江西武宁县插队落户。1978 年调湘潭大学任教，历任助教、讲师、副教授、教授。1998 年 10 月任湖南省文史研究馆馆员，2003 年退休。

余明光是知名黄老思想研究专家。他先后出版了《黄帝四经与黄老思想》《黄帝四经今注今译》《秦汉文化与华夏传统》《道教文化管窥》《东方文明的奥秘》5 部著作，发表论文 50 余篇。其中《黄帝四经与黄老思想》一书，基于对马王堆汉墓“黄老帛书”的深入研究，取得新的突破，引起了海内外学术界的巨大反响。美国《东西方哲学》1991 年第 4 期发表的文章评价《黄帝四经与黄老思想》道:“在黄老研究领域内,此书是一个重大突破。”美国达慕思大学教授罗宾 · 耶茨(Robin Yates)指出,此书“对于黄老思想这种久已失传且又极其重要的哲学流派的研究是一座里程碑”。清华大学张岂之教授 1999 年在《中国史研究》第 1 期发文认为“余明光《黄帝四经与黄老思想》一书的研究,有助于认识道家思想之全貌”。该书 1990 年荣获国家优秀图书一等奖。1993 年,他的《黄帝四经今注今译》中英文合版新书由岳麓书社出版,荣获全国古籍整理优秀图书二等奖,并入选出版总署向海外介绍宣传中华民族优秀文化的《大中华文库》。2013 年 4 月,清华大学与湖南大学联合在岳麓书院举办《黄帝四经》国际学术研讨会。余明光的另一部力作《东方文明的奥秘》对中国古代文化以及湖湘文化做出了新的阐释,为清华、北大等高校所采用,曾荣获清华大学“凯原轩辕”学术研究特等奖。同年 5 月,他被聘为清华大学法学院凯原中国法治与义理研究中心学术顾问。20 世纪 90 年代,余明光先后应邀到香港、英国、美国访问、讲学。

余明光历任民盟湘潭大学支部主委,民盟湘潭市委副主委、主委,民盟湖南省第九、十、十一届委员会委员。他曾任政协湖南省第六、七、八届委员会委员,湘潭市人大常委会副主任。

赵叔东

——知名电力机车专家、国家科技进步奖一等奖获得者

赵叔东(1936—),电力机车专家,浙江嵊县人,1989年加入中国民主同盟。曾任中国南车集团株洲电力机车厂教授级高级工程师。

赵叔东1955年毕业于上海交通大学,获学士学位。1962年在铁道部专业设计院担任工程技术员。1966年调铁道部株洲电力机车厂工作,历任工程师、高级工程师、教授级高级工程师、总工程师。退休后被北车集团大连机车车辆有限公司聘为高级顾问。

赵叔东是韶山4型(SS4)电力机车主要设计者之一,负责车体结构参数设计。韶山4型电力机车是国家“六五”科技攻关项目之一,由株洲电力机车研究所和株洲电力机车厂根据铁道部提出的“机车设计任务书”共同研制。该项目于1988年获铁道部科技进步一等奖,1989年获国家科技进步一等奖。他还主持

完成 ZLSK 型准高速旅客列车速度分级控制系统重大技术项目，获 1998 年铁道部科技进步二等奖。

赵叔东于 1998 年主编《韶山 8 型电力机车》，系统介绍韶山 8 型电力机车的特性、主要技术数据、结构、例行试验。此书已成为电力机车乘务员、检修人员、技术员和管理人员工作必备书，也是高等院校的教学参考书。2008 年，他荣获大连市特聘专家突出贡献奖。

傅治同

——知名古代文学专家

傅治同(1936—),古代文学专家,湖南湘乡人,1984年加入中国民主同盟。曾任民盟湖南省委常委、民盟邵阳市委主委、政协邵阳市委员会副主席。

傅治同1959年毕业于武汉大学中文系,被分配至辽宁师范学院(今辽宁师范大学)中文系任教。1962年调入邵阳师专(现为邵阳学院),历任讲师、副教授、教授、中文科主任。他还担任全国大专院校古代文学学会副会长、湖南省文史研究馆馆员、湖南省古代文学学会理事、邵阳诗词协会会长等职。2007年退休。

傅治同主要从事中国古代文学的教学与研究。任教47年,在学术方面颇有建树,先后获得国家级优秀教材奖、国家教委曾宪梓教育基金奖、省级优秀教学成果一等奖。他独著、主编、参编各种专著、教材、诗词选集等共20余种。其中《中国古代文学教程》,由高等教育出版社出版,被国家教委确定为全国师专统编教材,并获全国普通高等学校优秀教材奖。《中国古代文学》由高等教育出版社出版,被国家教委指定为全国中学语文教师进修专用教材。傅治同退休后两次全面修订了他主编的两部高校教材《中国古代文学》和《中国古代文学作品选》,共计380余万字,由高等教育出版社再次出版。其自选集《治同文存》,由湖南人民出版社出版。为"邵阳文库"编辑了《邵阳古代散文选》《傅治同文学世界》两书。曾荣获"国家级有突出贡献的专家"称号,享受国务院政府特殊津贴。入选《中华人民共和国享受政府特殊津贴专家学者名录》(国家人事部编)、《湖南名人志》(省志办编)等书。

傅治同善文能诗。曾仿启功墓志铭作自嘲"三字经":"傅治同,正教授。名不大,总算有。钱不多,够糊口。大原则,能自守。对党国,牛马走。对工作,从不苟。对学生,甘俯首。小事情,江边柳。玩玩牌,会会友。不抽烟,偶饮酒。人求我,肯出手。我求人,羞开口。会作文,精不够。能写诗,平仄凑。不张扬,不作秀。不辞新,常怀旧。心地宽,求自寿。"为时人所传颂。

傅治同是民盟邵阳市第五届委员会副主委、主委,第六、七届委员会主委,民盟湖南省第九、十届委员会委员。

傅治同曾任政协邵阳市委员会副主席,政协湖南省第七、八届委员会委员。

谢佑卿

——知名材料科学家,曾任民盟湖南省委主委、省人大常委会副主任

谢佑卿(1937—),湖南邵阳人,1985年加入中国民主同盟。曾任民盟湖南省委主委、湖南省人大常委会副主任、中南大学教授。

谢佑卿1960年7月毕业于中南矿冶学院(中南大学前身)特种冶金系金属学及金属热处理专业。毕业后任中南矿冶学院理学系物理教研组助教。1961年9月到1964年2月在吉林大学进修金属物理。结业后任中南矿冶学院特种冶金系金属物理教研组助教,1978年任讲师,1981年任副教授,1986年任教授。"文革"中曾被下放到校办农场劳动,1970年从农场抽调回校主持相关工作。1988年2月到1989年2月到英国曼彻斯特大学任访问学者。2007年退休。

谢佑卿是国家重点学科材料物理与化学首席科学家、粉末

冶金国家重点实验室兼职教授、湖南大学材料科学与工程学院兼职教授。他潜心从事金属材料科学研究，将系统科学的哲学观和方法论凝练为三个系统科学哲学命题和三种主要科学研究方法，创建了由“系统合金科学理论框架”和“特征原子排列设计工程”组成的“系统金属材料科学与工程”，取得了突出成果。他先后在《中国科学》《科学通报》《金属学报》和《ActaMetall·Mater》等国内外科学刊物上发表论文140余篇，主持了国家自然科学基金项目和湖南省重大科技专项等多个科研项目。1978年，他主持研究的“架空输电线自动防冰热敏磁性材料”先后获全国科学大会奖和湖南省科学大会奖。此后又先后获得湖南省科学技术进步一等奖等多项科研和教学成果奖励，享受国务院政府特殊津贴。2003年、2005年和2007年，他三度成为中国科学院院士候选人，并成为美国科学促进协会（AAAS）会员、美国纽约科学院（NYAS）院士。

谢佑卿1988年12月到2007年12月，任第六至第九届民盟中央委员。1992年担任民盟中南工业大学基层委员会主委。1993年9月增补为民盟湖南省委副主委。1994年1月当选民盟湖南省委第九届主委，1997年5月到2007年6月，担任民盟湖南省委第十届、十一届主委。在担任主委期间，他带领湖南民盟积极履行参政党职能，为湖南民盟事业的发展做出了贡献。

谢佑卿曾任第九、十届全国人大常委会委员，第九、十届湖南省人大常委会副主任，政协湖南省第七届委员会副主席。他积极运用人大、政协平台参政议政。2004年3月，他在十届全国人大二次会议上建议加大教育财政投入，并免除贫困地区学生的学杂费，得到许多代表响应，后来此建议被采纳和付诸实施。此外，他还先后提出“扶持核心学术期刊，改变交钱发论文怪现状”“研究生大部分教育费用应以个人自理为主”等建议，得到了时任总理朱镕基的充分肯定和有关部门的采纳。

何光岳

——知名民族史专家、藏书家

何光岳(1939—2015),民族史专家,湖南岳阳人,1992年加入中国民主同盟。曾任民盟湖南省委文史委员会副主任、湖南省社科院炎黄文化研究所所长。

何光岳生于一个贫苦农民家庭。少年丧父,只读过小学,辍学后因家贫而为人牧牛。1954年任互助组组长,1955年任岳阳县坪桥初、高级合作社会计。1956年6月后历任岳阳县农业局农业技术员、区农技站长,于1959年发明"双季晚稻倒种春",亩产601斤,解决了洞庭湖区"双季晚稻"连年歉收问题。后任岳阳市北区(今云溪区)秘书、市文化馆文物干事,1972年参与创建岳阳市压裂砂厂,专供大庆油田。1978年6月调湖南省社会科学院历史研究所从事古代史、民族史研究,1979年5月当选为全国青联常委和湖南省青联常委。1986年任省社科院历史所副所长、副研究员。1994年5月起任省社科院炎黄文化研究所所长、研究员。此外，还曾任湖南省炎黄文化研究会会长、中国汉民族学会副会长、湖南省民族学会副会长、中国伏羲文化学会副会长等职。2015 年 1 月 29 日在长沙逝世，享年 76 岁。

何光岳自学中国古典文学、古汉语、历史、地理，潜心于“中华民族源流史”“中国姓氏源流史”“炎黄历史文化”研究，取得了突出成就，填补了中国学术上的一些空白。1977 年得到复旦大学历史地理教授谭其骧的重视和推荐。1981 年他以《昆吾氏诸国兴亡与迁徙》等多篇论文，应邀参加在上海举行的中国历史地理研讨会。他先后出版了 40 多部历史专著，发表 500 多篇研究文章，共计约 5000 万字。被学术界称为源流史体裁的开创者。1985 年，他获全国总工会职工自学成才金牌奖。同年又获得中共湖南省委、省人民政府首届“理论、文艺、新闻和出版工作奖”。1986 年获“国家级有突出贡献的专家”称号。1987 年获湖南省科技先进工作者及铜牌奖。1992 年起享受国务院政府特殊津贴。1998 年 2 月被评为湖南省十大优秀社会科学专家之一。

何光岳爱书如命，共藏书 13 万册，被评为“湖南省十大藏书家”，其中私人收藏族谱 50000 余册、辞典 8000 多部，为全国同类私藏之冠。2005 年，湖南省人民政府拨出专款批准其自建“何光岳藏书楼”。

何光岳以其自学成才的传奇经历和奋斗精神，被誉为“农民史学家”“史学怪才”。1993 年，中央电视台《东方之子》首次报道全国 40 名科学家和学者，何光岳名列其中。东北师范大学、湖南理工学院发起成立“东北何光岳研究会”“湖南省何光岳研究会”，出版了《何光岳年谱》《何光岳研究》《何光岳著作年表》等。

何光岳先生去世后,社会各界挽联甚多。民盟湖南省委挽联:“中外论奇才,谁能起步田垄,攀登文化高峰?夫子何为,七十六年无有憾;古今推绝学,公独辟荒蹊径,填补史家空白。哲人其萎,五千万字足称雄!”

周宏灏

——著名药理学家、中国工程院院士

周宏灏(1939—),遗传药理学家、临床药理学家,中国工程院院士,湖南长沙人,1982年加入中国民主同盟。曾任民盟湖南省委副主委。现任湖南省科协副主席、中南大学临床药理研究所和遗传药理研究所所长。

周宏灏1957年考入武汉医学院医疗系,1962年毕业,获医学学士学位,被分配到广州军区某空军医院任内科医生。1969年复员返湘,到长沙一家工厂担任保健医生。1978年调入湖南医学院,到药理学教研室任教。不久到学院临床药理学国家培训中心工作。1983年获得美国中华医学基金会的支持,到香港大学进修临床药理学。1984年进入美国范德比特(Vanderbilt)大学进行临床药理学和遗传药理学研究。1991年回国。1993年创建我国第一所遗传药理学研究所。历任湖南医科大学药理学教研室主任、遗传药理学研究所所长、基础与临床药理学研究所所长、湖南医科大学副校长兼湖南省药品监督管理局副局长等职。2013 年 12 月受聘为湖南省人民政府参事室参事。还担任国际生物医药和生物技术学会理事长、泛太平洋地区国家临床遗传药理学学会执委、中国药理学会副理事长、中国药物代谢专业委员会名誉主任委员、湖南省药学会理事长等职。

周宏灏教授是我国遗传药理学和药物基因组学的开拓者和带头人，个体化医学的奠基人。长期从事遗传药理学和药物基因组学的教学、研究和成果转化。主要科学贡献是发现和阐明了遗传因素引起药物种族和个体差异的若干现象和机制及其规律，建立了有我国国家和民族特色的遗传药理学理论体系，发现并克隆 CYP2C19*5 等位基因，率先将遗传药理学理论应用于临床，创建了我国首家个体化用药咨询中心，开发了首张个体化药物治疗基因芯片，启动了以遗传药理学和药物基因组学为基础的“量体裁衣”个体化药物治疗方案。

30 多年来，周宏灏始终坚持遗传药理学研究方向，硕果累累。先后在 SCI(科学引文索引)上发表论文 200 多篇，被国际同行引用 3000 余次。主编《遗传药理学》中英文专著和研究生教材 5 部，高等医药院校五年制和八年制《药理学》中英文教材 6 部。获美国临床研究学会最高奖亨利 · 克瑞斯清 (Henry Christian)奖，中华医学科技奖和省部级一等奖 5 项。2005 年 12 月当选为中国工程院院士。

周宏灏致力于人才培养，主编了我国第一部《遗传药理学》研究生教材，培养了近 200 名遗传药理学硕士、博士及博士后。

周宏灏先后担任民盟湖南医学院支部委员、民盟湖南医科大学委员会委员，民盟湖南省第十届委员会副主委，民盟中央委员。他还是政协湖南省第七届委员会委员，第八、九届委员会常委。

李慰萱

——自学成才的知名数学家

李慰萱(1939—),数学家,上海人,1983年加入中国民主同盟。曾任民盟中央候补委员、民盟湖南省委副主委,长沙铁道学院(后并入中南大学)教授。

李慰萱幼年在上海度过,就读于阜春小学、浦东中学及南洋模范中学。后随父母迁到浙江宁波。1958年在宁波第一中学高中毕业,先后在宁波开矿队、宁波梅山盐场和宁波硫酸厂当工人。1978年2月,由侯振挺教授推荐,调入长沙铁道学院。同年10月,晋升为副教授。1985年任长沙铁道学院科研所副所长。1987年1月晋升为教授。他是中国数学会组合数学与图论专业组委员、中国运筹学会理事、中国图论研究会理事、湖南省数学会常务理事、西德《数学文摘》评论员。曾任全国青年联合会委员、湖南省青联副主席。1989年以后定居美国。

李慰萱是自学成才的数学家。只有高中文化的他刻苦坚持自学数学,并努力自学英语和日语。1973 年,完成了第一篇数学论文《最优分批问题在 N > 3n 情形下的解》,在《数学学报》上发表。此文解决了美国两位数学家提出的一个“很困难也很有趣的”组合问题。此后,围绕这一问题他又完成论文两篇。他与国内其他几位数学家的成果,使我国在单变量序列搜集的理论研究方面处于世界前列。1975 年起开始研究组合数学与图论,翻译并出版了 F·哈拉里《图论》一书。1980 年所著《图论》一书是中国人写的第一本系统介绍图论的著作。1981 年与李致中、侯振挺合编出版了《应用数学》教材。1984 年,西德赫尔德曼(Heldermann)出版社出版了他用英语写的《最优序列块搜索》(*Opti - Mal Se Quen Tial Block Search*)一书,此书总结了他与我国其他学者在单变量序列搜索数学理论方面的成果,西德达姆施塔特(Darmstadt)大学教授、丛书主编鲁道夫·威(Rud lf Wiu)认为,此书是“对一维最优化方法的一项重要贡献”。1984 年,他在“图与序国际会议”上担任执行主席,1986 年又在“第一次中美图论及其应用国际会议”上担任执行主席。1978 年获铁道部科技大会奖,1980 年获湖南省重大科技成果奖,1985 年获铁道部高校优秀论文奖、湖南省教委“六五”期间优秀科技成果奖,1985 年获全国总工会职工自学成才奖。

李慰萱痴迷数学,其专心致志到了废寝忘食的程度。有一天,他正集中精力演算习题,家人几次催他吃饭,他都没有听见。直到最后,才一边看书一边匆忙抓起铅笔当筷子,大口大口地扒饭,引起全家哄堂大笑。

李慰萱出国后,在加拿大渥太华大学和卡尔登大学任教。

1996 年，渥太华大学设立“年度最佳兼职教授奖”，每年从数百位兼职教授中评选一人，他是此荣誉的首位获得者。2002 年，他获得安大略省优秀教师奖。2003 年获得卡尔登大学优秀教师奖。他于 2005 年退休，但仍然继续担任部分教学任务。

李慰萱曾任民盟湖南省第七、八届委员会副主委，民盟第五届中央委员会候补委员。他还是政协湖南省第五、六届委员会常委。

李春阳

——知名电力机车专家、国家科技进步奖一等奖获得者

李春阳(1939—),电力机车专家,江苏武进人,1988年加入中国民主同盟。曾任中国南车集团株洲电力机车研究所教授级高级工程师。

李春阳1962年自上海交通大学运输起重机系电力机车专业毕业,继续留校攻读电传动研究生,1966年获硕士学位。毕业后被分配到中国南车集团株洲电力机车研究所工作,历任工程师、高级工程师、教授级高级工程师。2000年退休,曾受聘于株洲时代电气公司(TEG)。

李春阳为我国铁道电气化事业奋斗了一生,从业40年来,参加与主持开发电力机车和动车组大型项目多项,如SS4型、SS5型、SS3B型、SS7型、SS8型等电力机车和KDZ1型、“春城号”“中原之星”等电动车组。上述新型产品的研制成功,填补了国内空白,而且转化为铁路运输的主型车,产生了巨大的经济效益。李

春阳曾获得多项科技成果奖。参加完成 SS4 型重载货运电力机车的研制,提出的经济四段相控整流桥主电路,以优良指标而获采纳。SS4 型机车获得国家科技进步奖一等奖。主持完成 SS5 型中国第一台客运电力机车主电路的设计研制,该车是吸收进口技术最全面的机车。主持完成 SS3 型 123 号机车相控改造的重大技术项目,获铁道部科技进步奖二等奖,其成果转化为 SS3B 型批量电力机车,从而终止了调压开关机车的生产历史。主持完成 SS7 型机车主电路的设计研制,它是我国第一台复励牵引电力机车,获铁道部科技进步奖一等奖。参加高速机车车辆可行性论证报告和新版本《电机工程手册》的编写。主持完成"春城号""中原之星"电动车组电传动系统的研制,任项目经理,如期向昆明世博会献上厚礼,得到国际同行、国家有关方面的高度评价。

李春阳还先后发表了数十万字的专业论文,为我国多段相控桥机车电路奠定了理论基础。其中《SS7 型机车复励电机特性分析》一文,参加了 1996 年大连国际学术交流会。曾担任全国铁道学会第三届牵引动力委员、国家变流技术工程研究中心技术委员会委员、机车系统部主任、研发中心系统部项目经理。曾获中国机车车辆总公司"优秀科技工作者"称号,享受国务院政府特殊津贴。因其对我国铁道牵引事业的杰出贡献,1999 年获得中国铁道科学界最高奖——第四届詹天佑成就奖。

李春阳曾任民盟株洲市第二、三、四届委员会委员。他还是第十届株洲市人大代表。

余开基

——知名声乐教育专家

余开基(1939—),声乐教育家,湖南长沙人,1985 年加入中国民主同盟。曾任湖南师范大学教授、湖南涉外经济学院音乐系主任。

余开基 1964 年毕业于武汉音乐学院声乐系。毕业后到湖南省民族歌舞剧团工作,曾任业务团长、独唱演员。1986 年调湖南师范大学音乐系任教,历任办公室主任、声乐教研室主任、学术委员会委员以及湖南师范大学教学督导等职务。2000 年退休后,受聘于湖南涉外经济学院,担任音乐系首届系主任。

余开基是湖南声乐界的领军人物,曾任中国声乐教育学会理事,湖南省音协声乐艺术委员会会长、音乐教育委员会副会长。数十年来他培养了大批优秀声乐人才,其中有 60 多人在国际、国内声乐比赛中获奖,有不少学生已成长为知名的歌唱家和声乐教授。2007 年,他担任知青合唱团艺术指导,该合唱团获首届中国金钟奖合唱比赛金奖第一名，其个人获首届中国金钟奖合唱比赛优秀指导奖。2006年获中国湖南金旋律音乐节声乐指导奖。2008年指导知青合唱团参加奥地利世界合唱节获银奖。2010年担任中国空军政治部天籁合唱团声乐艺术指导，该团参加第十三届中央电视台青歌赛合唱比赛获团体金奖。他还多次担任湖南青歌赛评委及国际、国内和省市各项大赛评委。曾应邀担任在中国香港举办的第一届国际歌剧比赛评委、中国首届金钟奖合唱比赛评委、首届多彩贵州歌唱大赛评委、两届武汉樱花杯声乐大赛评委、全国艺术院校声乐大赛民族组评委。2012年应邀赴新加坡担任第二届国际声乐大赛评委及声乐艺术顾问。

余开基出版专著4部，其中《音乐文化趣谈》被香港大学、复旦大学及首都师范大学指定为学生参考读物；《音乐高考强化训练声乐卷》发行40多万册，在全国产生广泛影响，并被全国多所音乐专业院校定为教材。

余开基曾任民盟湖南省文化艺术委员会副主任、民盟湖南师范大学委员会南院支部主委。

余德泉

——著名对联学专家

余德泉(1940—),对联学专家、书法家,四川省叙永县人,1995年加入中国民主同盟。现任湖南民盟书画院院长,中南大学楹联研究所所长、教授。

余德泉1965年7月毕业于北京大学中文系汉语专业。1965年9月至1986年7月,在湖南长沙地区教中学。1986年8月起,在长沙有色金属专科学校(后更名为长沙工业高等专科学校)任教,1987年获副教授职称。1993年获教授职称。1998年,长沙工业高等专科学校并入中南工业大学。2000年,中南工业大学改名为中南大学,余德泉任中南大学楹联研究所所长。他还担任中央文史馆书画院研究员、湖南省文史研究馆员、中国楹联学会副会长兼书法艺术委员会主任、湖南省楹联家协会主席等职务。

余德泉被公认为我国的对联学泰斗。1969年,他从牛棚中

“解放”出来，分到乡下一所中学去教书。学校的大门上贴了一条语录：“大海航行靠舵手，干革命靠毛泽东思想。”一天他听到两个人在议论这副所谓的对联。一个说：“这副对联好是好，就是不知道为什么有一边多两个字。”这场令人哭笑不得的对话，使他萌发了好好研究对联的念头。他以“筚路蓝缕，以启山林”的精神，兀兀穷年，焚膏继晷，几乎是以一人之力将楹联研究抬进了学术的神圣殿堂。在他的倡导下，中南大学成立了我国第一个楹联研究所，余德泉招收我国第一个对联学硕士研究生并亲自担任导师。他首先总结出我国对联的传统声律规则马蹄韵，将对联格律与诗律、词律、曲律平行地写入我国高等院校教材《古代汉语》，首开非汉语汉字对联研究和对联的英语对偶翻译。其理论成果和学术活动多具有开创性的意义。其对联著作包括《对联纵横谈》《对联格律・对联谱》《对联通》《中华对联通论》《诗律、词律、曲律和联律》《余教授教对联》《余德泉对联文论》《中国长联三百三》《古今绝妙对联汇赏》《得月斋联稿》《余德泉诗联新稿》等多部，以其总结性、开拓性、创新性，为世人呈现了一个博大精深的对联世界。2007 年，他获中国楹联学会梁章钜奖第一名。

余德泉长于章草、隶书、行书、帛书、楚简等多种书体。曾应邀到淡江大学、澳门大学、首都师范大学等多所院校讲授楹联与书法。出版了《简明书法教程》《章草大典》《章草传帖》《余德泉章草论语》《余德泉书自撰作品集》《余德泉诗联书法新集》《余德泉书法五种》《叙永——我心中的歌》等多部书法著作。

余德泉乐为人师，诲人不倦。退休之后，他仍致力于国学人才的培养。2011年以来,他先后打造和培养了“湖湘楹联七子”“湖湘联墨八俊”“楹联二十四君”“德泉国学院二十八宿”等中青年团队,在国内楹联界影响很大。有对联称赞他:“天下至文,莫精妙于对句;三湘多士,咸受益乎先生。”

余德泉先后担任民盟湖南省委文化艺术委员会主任、湖南民盟书画院院长。曾任政协湖南省第八届委员会委员、长沙市岳麓区人大代表。

汤可敬

——知名古汉语专家

汤可敬(1941—),古汉语专家,湖南益阳人,1988年加入中国民主同盟。曾任民盟益阳市委主委、益阳市政协副主席、益阳师专(后升格为湖南城市学院)中文系主任。

汤可敬1958年至1963年在湖南师范学院中文系学习,获文学学士学位。1963年至1974年,在益阳县一中担任教师;1974年至1977年,在益阳师范学校担任教师;1977年起在益阳师专中文系担任教师,1985年至1998年,任益阳师专中文系主任。2001年退休。先后荣获省级劳动模范、全国优秀教师称号,享受国务院政府特殊津贴。此外,还担任湖南省文史研究馆馆员、省语言学会理事等职务。

汤可敬是知名古汉语专家,公开出版的著述有400余万字。1989年,他的80万字专著《新编古代汉语》由北京出版社出版,获得广泛赞誉,在第二届全国普通高校教材评奖中,此书获得优秀奖。这是获该奖项的唯一古汉语教材。旋即《新编古代汉语》被定为湖南省普通高校“九五”重点教材,修订后由湖南大学出版社再次出版,著名语言专家周秉钧、张寿康等,给予了很高评价,认为该书立足于实践,吸取各家之长,另辟蹊径,具有强烈改革精神和创新意识。《古汉语研究》《湖南师大学报》《湘潭大学学报》《中学语文教学参考》及《北京书讯》等刊物,相继发表长篇书评,一致认定该书是古汉语教材史上一部独具特色的教材。1990 年,该书获华北优秀教育图书奖。1993 年,该书被甘肃定为全省干部职称晋升考试的参考教材。1997 年,汤可敬又主编了《说文解字今释》,计 190 万字。不少学者认为,该书集近两千年《说文》学大成,吸收了当代甲金文字研究成果,把《说文解字》普及工作做到了家。1999 年,第四届国家图书奖从近两年来全国公开出版的 12 万种书中初评 212 种,该书入围初评。几年内 6 次印刷,发行数万册。退休后,汤可敬继续从事古汉语研究工作,编写了《尔雅今释》一书,计 80 万字。

汤可敬历任民盟益阳市(县级)第一、二届委员会主委,民盟益阳市(市级)筹备委员会主任,民盟益阳市(市级)第一、二届委员会主委,民盟湖南省第八、九、十一届委员会委员,第十届委员会常委。

汤可敬曾担任政协益阳市第一、二届委员会副主席,政协湖南省委员会委员。

张作功

——曾任国家督学、湖南省教育厅巡视员

张作功(1942—),湖南华容人,1981年加入中国民主同盟,1984年加入中国共产党。曾任民盟湖南省委专职副主委,湖南省教育厅副厅长、巡视员。

张作功1963年毕业于长沙师专,1992年修完华中师大教育系教育原理硕士课程。先后担任长沙市十五中中学语文教研组长、副校长、校长,雅礼中学校长,长沙市教委副主任。1995年7月任湖南省教委副主任,后任副厅长、巡视员。还曾担任国家督学、湖南省职业教育学会会长、湖南中华职教社副主任兼秘书长、《当代教育论坛》主编等职。

张作功长期从事教育工作,在实际工作和理论研究方面都有成就。2002年至2005年,他主持并完成了教育部"十五"规划课题《湖湘文化与湖南教育》,2006年该书在教育科学出版社出版。时任中共湖南省委书记张春贤评价此书:"观点鲜明,敢于回答问题,资料翔实,研究严谨科学。为实现我省建设教育强省的战略目标,提供了切实的经验依据。”该书荣获2008年湖南省社会科学优秀成果特别奖。此外张作功还出版专著《我们一起走过——教育十年回顾》。

张作功历任民盟中央第九届委员会委员,民盟湖南省第七、八届委员会委员。1991年2月在民盟省委八届四次全会上增补为副主委,同年12月,调任民盟省委专职副主委。

张作功是湖南省第十届人大常委,政协湖南省第七、八届委员会常委。

刘湘陵

——知名舞蹈家

刘湘陵(1942—2013),舞蹈家,女,湖南衡山人,1984年加入中国民主同盟。曾任湖南省舞蹈家协会副主席、湖南省歌舞剧院国家一级演员。

刘湘陵1950年参加文艺工作。1958年进修于文化部在广州举办的舞蹈学习班,1962年进修于北京舞蹈学校全国舞蹈师资学习班。20世纪80年代末开始从事舞蹈创编和教育工作。是湖南省歌舞剧院国家一级演员。2013年逝世,享年71岁。

刘湘陵是知名舞蹈家。她是中国舞蹈家协会会员,湖南省舞协一、三届副主席。主演了大型舞剧《刘海砍樵》《蝶恋花》《风雷颂》等,获得好评。以独舞、双人舞《妈妈就要来了》《刑场上的婚礼》等节目获得省优秀中年演员称号、全国个人表演奖。编导的《葬花吟》《新婚情话》获中南和全国残疾人汇演创编一等奖,《草原上的小鹰》获长沙童星大赛一等奖。传略收入《中国舞蹈家辞典》《中国艺术家名人录》(第五卷)。刘湘陵培养了一批舞蹈新秀,为湖南省舞蹈事业的发展做出了贡献。

刘湘陵是政协湖南省第五、六、七、八届委员会委员。

李　潺

——曾任湖南省书法家协会副主席

李潺(1944—),金石书画家,湖南武冈人,1981 年加入中国民主同盟。现为湖南民盟书画院顾问。曾任湖南大众传媒职院美术系主任、湖南省书法家协会副主席等职。

李潺 1960 年考入贵州大学中文系,未毕业即被学校除名。回家乡武冈制药厂当了一名宣传员。业余创办油印文学刊物《心灯》,被打成“反革命集团”,李潺被隔离审查。1982 年 4 月,调湖南电视台从事美编工作。曾编拍《齐白石》《墨海游龙》等电视文艺专题片 50 余部。1999 年被评定为国家一级美术师。2001 年被湖南大众传媒职院聘为美术系首任主任。2004 年退休。2014 年担任湖南省文史研究馆馆员。

李潺是中国书法家协会会员、湖南省直书画家协会第三届主席、湖南省书法家协会第三届副主席,其在诗、书、画、印等方面均有较大成就。作品曾入选全国第二、三届书法展，全国第三、五届中青书展，全国第四届正书展，全国第五、七届花鸟画展，中国名家书画作品展以及在加拿大、日本、韩国、新加坡、比利时等国举办的国际书画展等。刻入衡山、翰园、屈原、常德诗墙、三清山、微山湖、北京奥运会等六十余处碑林。书画印有《李潺书法选》《李潺印选》《李潺画选》《李潺书画艺术作品选》《李潺书画作品展集》《李潺艺术》《李潺字帖系列》《李潺艺术周图录》等十余部，诗文集有《李潺手书诗选》《云卷云舒》《耕云种月》《唱给早霞》等。

“是什么，在我书画王国的梦里播种？”李潺回忆：小学四年一期，他因写大字潦草，被语文课老师叫到讲台上体罚，瘦小的他双手高举大字本，面对全体同学，直到下课铃响。受此“耻辱”，他发誓苦练毛笔字，无论冬寒夏热，一年间，他的毛笔字在年级鹤立鸡群。尔后，书法就这样在他年少的生命中播下了种子。半个世纪过去了，60 多岁的李潺，在老家见到 80 多岁的当年老师，当众向老师深鞠一躬。

2007 年 12 月，由湖南省文联、湖南省广电局、湖南省电视台联合主办的“李潺艺术周”在长沙隆重举行，全面展示了李潺在诗书画印等方面的成就。

颜梅魁

——知名戏剧戏曲作家

颜梅魁(1946—2008),戏剧戏曲作家,湖南湘潭人,1987 年加入中国民主同盟。曾任湘潭市戏曲研究所所长。

颜梅魁 1961 年 7 月至 1965 年 8 月在湘潭市文化用品厂做糊裱业学徒。1965 年 8 月至 1968 年 11 月在湘潭地区花鼓剧团当演员。1968 年 11 月至 1970 年 6 月在湘潭地区毛泽东思想文艺宣传队当演员。1970 年 6 月至 1984 年 8 月在湘潭地区湘剧团任编剧兼演员。1984 年 8 月至 2008 年 3 月任湘潭市戏剧工作室(后更名为湘潭市戏曲研究所)编剧、副主任、所长。1998 年获国务院政府特殊津贴。同年被省委组织部、省人事厅、省科委评定为“湖南省优秀中青年专家”。2002 年由省委、省政府授予首届“湖南省优秀专家”称号。曾任湖南省戏剧家协会副主席、中国戏剧家协会理事、湘潭市文联副主席等职。2008 年 2 月 26 日逝世,享年 62 岁。

颜梅魁是知名戏剧家，其作品“既吸收了民间文学、当代民间口头文学的优秀成果，同时又继承了自《诗经》以来中国文学的优良传统”。新时期里，颜梅魁先后创作戏剧、影视作品 30 多部，主要作品有戏曲《榨油坊风情》、电影《毛泽东在 1925》、电视连续剧《甘肃米案》等。《榨油坊风情》以大气、厚重的风格，被誉为“中国现代戏曲发展第三阶段（成熟阶段）代表性剧目”，获中宣部第五届“五个一”工程奖、文化部第六届文华大奖、中国剧协曹禺戏剧文学奖。《毛泽东在 1925》塑造了平民领袖毛泽东，被称作“突破了以往的领袖银幕模式”，获第二十一届金鸡奖最佳故事片奖、第八届中国电影华表奖优秀故事片奖。此外，颜梅魁作品戏曲《筒车谣》获文化部第五届文华新剧目奖。戏曲《天家孽》获第三届中国京剧节优秀剧目奖、全国第十六届田汉戏剧奖剧本文学一等奖。《毛泽东去安源》获广电总局第十届华表奖优秀故事片奖。

何清华

——著名机械工程专家和企业家、产学研结合典范

何清华(1946—),工程机械专家,湖南岳阳人,1985年加入中国民主同盟。曾任民盟湖南省委副主委,现为山河智能装备股份有限公司董事长。

何清华1965年毕业于长沙市一中,被下放到江永县桃川农场当知青,任生产队队长。后转到益阳泞湖公社农机厂当知青。1974年回到长沙,在长沙客车厂当车工。1980年,以高中学历考上中南大学研究生。1983年留校任教,1988、1991年分别破格晋为副教授、教授,1998年受聘为博士生导师,曾任中南大学机电工程学院副院长、智能机械研究所所长等职。1999年领衔创办山河智能装备股份有限公司,任董事长兼技术中心主任。还担任中国工程机械学会副理事长、中国工程机械工业协会副会长、湖南机械工程学会会长、《中国工程机械学报》编委等职务。

何清华长期从事现代工程装备机电一体化技术的研究、开发及其工程化应用。他先后承担国家级、省部级项目30余项，其中“863计划”（国家高技术研究发展计划）项目7项，获得专利技术150余项，其中发明专利20余项；参编国家及行业标准2项；出版专著4部，SCI/EI（科学引文索引/工程索引）收录论文100余篇；培养博士18名。何清华获得国家科技进步二等奖、国家发明奖三等奖各1次，省科技进步一等奖4次。他还荣获何梁何利奖、全国杰出专业技术人才、湖南省科学技术杰出贡献奖、紫荆花杰出企业家奖以及国防之星、当代发明家等荣誉称号。

何清华被称为“追梦者”。1999年，已经53岁的他毅然“下海”，带领学校几位老师，凭借50万元预付款，租赁闲置厂房，创办了山河智能装备股份有限公司。他将企业的标识（Logo）设计为一个英文单词“SUNWARD”，意思是“向着太阳”。何清华怀着逐日的梦想，向着太阳升起的方向奔跑，短短10多年间，创造了不朽的传奇。企业以长沙为总部，分别在无锡、安徽、天津、欧洲建立了多家子公司，逐步形成了一个以工程机械为主业、拥有自主知识产权、在国内外具有一定影响力的现代化国际性企业集团。2006年，企业股票在深交所上市。2011年，企业跻身“世界工程机械50强”“挖掘机20强”。

何清华积极参与社会公益，设立“中南大学山河英才奖”等，将所获湖南省科技杰出贡献奖100万元奖金全部用于支持教育事业和农村水利建设。

何清华曾任民盟中南大学委员会主委，民盟湖南省第十一、十二届委员会副主委。2009年，入选湖南统一战线60年“十大人物”。

何清华先后担任政协湖南省第八、九届委员会委员，全国政协第十一届委员会委员。他积极参政议政，曾在全国政协十一届五次会议上做《奢靡之风不可长》发言，引起强烈反响。

乐寿长

——优秀科技管理者

乐寿长(1947—2011),湖南宁远人,1987年加入中国民主同盟。曾任民盟中央委员、民盟湖南省委副主委,湖南省科技厅副厅长。

乐寿长1970年毕业于北京机械学院。1970年至1985年,在北京机械学院任教,其中1981年至1983年赴法国里尔大学自动化中心进修,1983年获博士学位。1985年至1992年在长沙交通学院任教,1987年晋升为副教授,1990年至1992年担任机械系副主任。1992年11月至2008年3月任湖南省科技厅副厅长。2011年3月30日逝世,享年64岁。

乐寿长从事工业自动控制和道路交通控制教学和科研20余年,先后主持和参加了5个省级科研课题的研究工作,发表论文20余篇,出版专著《道路交通控制》。乐寿长到省科委任职后,在所分管的领域努力开拓,积极进取,使全省科技法制工作得到显著加强，软科学研究取得明显进展，知识产权保护跨入全国先进行列。同时，技术市场工作上了一个新台阶，科技兴市(县)活动在全省轰轰烈烈地开展，科技体制改革也迈出了新的步伐。

乐寿长先后任民盟湖南省第九、十、十一、十二届委员会副主委，民盟中央第七、八、九届委员会委员。

乐寿长是全国政协第八、九、十届委员会委员，政协湖南省第七、八、九届委员会常委，并担任省政协经济科技委员会副主任。他具有很强的参政能力，多次在全国政协会议上做口头发言和书面发言。其中1995年《关于培养和发展技术市场的建议》、1997年《反对行业垄断，加速科技进步》、2000年《关于强化实施依法治国基本方略的思考》作为全国政协大会口头发言，引起较大反响。1996年他写的《建立面向21世纪高校经费投入基金制》提案获全国政协优秀提案奖。

邹捷中

——知名数学家

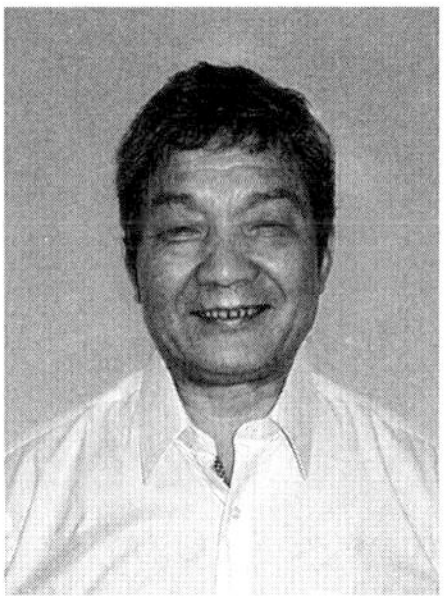

邹捷中(1947—2016),数学家,湖南新化县人,1987年加入中国民主同盟。曾任中南大学数学科学与计算技术学院院长、教授。

邹捷中1979年经长沙市数学学会考核推荐,被长沙大学由工人破格录用为数学教师。1980年,被录取为长沙铁道学院概率论与数量统计专业硕士研究生,师从著名数学家侯振挺教授,1982年获理学硕士学位。1987年1月获中南大学理学博士学位。1982年起,历任长沙铁道学院助教、讲师、副教授、教授。先后担任长沙铁道学院科研所应用数学研究室主任、概率统计研究室主任、科研所常务副所长等职。长沙铁道学院与中南工业大学、湖南医科大学合并组成中南大学后,2003年任中南大学数学科学与计算技术学院首任院长。还曾任湖南省数学学会副理事长、中国数学学会理事、中国工业与应用概率统计学会副理事长、湖南省学位委员会委员等职。2016 年 11 月 7 日逝世，享年 69 岁。

邹捷中长期从事应用概率和马尔可夫过程理论及数理金融的研究。在《中国科学》《伦敦数学杂志》等国内外重要刊物上发表论文 100 余篇，培养硕士和博士研究生 100 余人，主持或参与多项国家级和省部级科研课题，合作出版了《马尔可夫过程的 Q 短阵问题》等专著 4 部，其博士学位论文《P－函数的振荡问题》一举解决了多年未解决的“肯德尔弱猜想”而获得 1987 年度英国授予的国际戴维逊奖，成为继侯振挺教授 1978 年荣获该奖后获奖的又一中国学者。该成果被评为 1987 年湖南省十大科技成果。此外还获 1992 年铁道部火车头奖章、1998 年国家教委科技进步二等奖和三次湖南省科学进步一等奖等多项奖励。1992 年起享受国务院政府特殊津贴。曾作为高级访问学者应邀赴英国，并在剑桥大学、格林威治大学讲学。

邹捷中先后担任政协湖南省第七、八、九届委员会常委。2001 年 11 月被聘为湖南省人民政府参事室参事。

柳思维

——“湖南谋士”、著名商业经济学家

柳思维（1947—），经济学家，湖南湘阴县（现属岳阳市屈原行政区）人，1984年加入中国民主同盟。现任湖南商学院荣誉一级教授、校学术委员会主任、经济与贸易发展研究院院长。曾任民盟湖南省委常委、经济委员会主任。

柳思维1965年9月至1970年7月就读于中国人民大学贸易经济专业，获经济学学士学位。1970年8月至1978年6月在湘西自治州民族贸易局任办公室秘书。1978年7月至1985年8月在湘西商校（现为湘西民族职业技术学院）任教，1982年初晋升为讲师。1985年9月调入湖南商学院，任教研室主任。1987年6月晋升为经济学副教授。1992年6月晋升为经济学教授。先后任商业经济管理系第一副主任、贸易经济系主任、工商管理系主任。1993年享受国务院政府特殊津贴。2000年起任湖南商学院学术委员会主任、湖南商学院经济与贸

易发展研究院院长、湖南省社科联副主席、湖南省人民政府参事室参事。他还担任国家哲学社会科学基金应用经济学科组评委、全国高校贸易经济教学研究会副会长、中国市场学会常务理事、中国商业经济学会常务理事及学术委员会顾问等职，并兼任中南大学、湖南大学等十余所高校教授。

柳思维教授长期致力于商贸流通产业、消费市场、区域经济理论与实践的研究，成绩斐然。先后主持 3 项国家社科基金项目，4 项湖南省社科基金重大项目及 20 多项其他省级研究课题。在权威及核心期刊上发表论文 300 余篇，出版学术著作 10 多部，主编、合著出版著述 30 多部，先后 10 多次荣获省级科研成果奖。作为首席专家，他带领科研团队于 2003 年组建了湖南首批省级社科研究基地之一湖南省现代流通理论研究基地，还先后发起、组织、承办召开了十多次全国性学术会议及国际学术会议。

柳思维从教 30 多年，为人师表，恪尽职守，先后荣获“全国优秀教师”“全国师德先进个人”“徐特立教育奖”“湖南省高校首届教学名师”等荣誉称号。

柳思维被媒体誉为“湖南谋士”。2000 年以来，先后主持承担湖南省、长沙市有关部门的委托课题 10 多项，60 多次为湖南省经济发展提供书面的调研报告、政策建议及专题汇报。如 2000 年，其《经济落后地区市场化进程中必须突破的障碍》曾在湖南省政府办公厅《情况反映》发表，并呈送中央领导参阅。面对时弊，他敢于直言。他曾说：“我们当智囊也好，当谋士也好，不只是给政府唱赞歌，更重要的是在一些关键时刻，要提出一些前瞻性的主张，哪怕领导暂时还不能接受。”

柳思维曾任民盟湖南省委第九、十、十一届委员会常委，并担任经济委员会主任。2003 年 7 月民盟湖南省委做出《关于开展向柳思维同志学习活动的决定》，号召学习他坚定的政治信念、强烈的事业心和责任感以及他锲而不舍的治学态度、参政议政的大局观、甘为人梯的“园丁”风格。

柳思维曾任政协湖南省第七、八届委员会委员。

陈书良

——知名六朝文史研究专家

陈书良(1947—),古典文学专家,湖南长沙人,1987 年加入中国民主同盟。现为湖南商学院教授、湖南省文史研究馆馆员。曾任民盟湖南省委委员。

陈书良 1978 年考取武汉大学魏晋隋唐文学方向研究生,1981 年毕业,获文学硕士学位。1981 年 11 月至 2000 年 11 月在湖南省社会科学院工作,先后被评为助理研究员、副研究员、研究员。1985 年起担任文学所所长、院学术委员。2000 年 11 月至今在湖南商学院工作,2002 年至 2007 年担任中文系主任,并任校学术委员至今。2016 年 7 月,当选为长沙时务学堂研究会会长。还担任第六届全国青联委员、省社科联委员等职。享受国务院政府特殊津贴。

陈书良是国内知名的六朝文史研究专家。他在学术上服膺陈寅恪先生"以诗证史,以史证诗"的治学方法,又承继朴学传统，醉心于古典文学研究，成果丰硕。主要专著有《郑板桥评传》《绝世风流郑板桥》《六朝烟火》《云麓梦寻》《寂寞秋桐——章士钊别传》《六朝如梦鸟空啼》《旧时月色》《南宋江湖诗派与儒商思潮》《听涛馆〈文心雕龙〉释名》《六朝人物》《中国古代文学简史》《楹联总义》《幽梦隐》等。发表论文百余篇，其中《〈文心雕龙〉风格论》发表于日本九州大学《中国文学论集》第十三辑，反响较大。古籍整理方面，已出版的书籍近30部，如《史记》《春秋左传》《鹿鸣丛书》等，受到学界好评。《曾国藩全集·读书录》，获国家新闻出版总署二等奖。台湾桂冠图书公司于2001年出版其学术著作《中国小品文史》《唐伯虎评传》《六朝如梦鸟空啼》三部，日本中国书店于2005年出版其《听涛馆〈文心雕龙〉释名》。

1996年，湖南省社科院文学所所长陈书良提出，湖南人杰地灵，“有编写文学史的资格”，于是带领10余名所内外专家，孜孜矻矻，历经三个寒暑，终于完成了三卷本《湖南文学史》。这是全国第一部省域文学通史，获湖南省社科成果二等奖。此后，他一直致力于此书的完善和充实，又历经12年，对《湖南文学史》（古近代卷）进行了修订，篇幅亦由原来的33万字扩充至53万字，于2008年由湖南教育出版社再版。该书被认为是“了解湖南的重要著作，也是中国文学史的重要补充”。

陈书良富有才情。某次，他应邀参加竹淇茶馆的店庆，主人备好纸墨，敦请他挥毫。只见他沉思片刻，用他那独具特色的行书撰联云：“馆客熙熙，咸慕兰姿竹节；茶汤汩汩，无非湘水淇波。”精准嵌入“竹淇茶馆”四字，可谓巧思妙笔所得。

陈书良曾任民盟湖南省社会科学院支部主委、民盟湖南省第十届委员会委员。他还曾任长沙市北区(现为开福区)政协委员、文史委员会副主任。

杨鹏程

——知名中国近代史研究专家、国家级教学名师

杨鹏程(1949—),中国近代史研究专家,湖南华容人,1997年加入中国民主同盟。曾任民盟湖南省委常委、民盟湘潭市委主委,政协湘潭市委员会副主席,湖南科技大学人文学院院长、教授。

杨鹏程1968年作为知青下乡至华容三封公社新铺大队参加生产劳动。1976年任大队中学民办教师。1978年考入北京师范大学历史系。1982年毕业后被分配到湘潭师范学院(现湖南科技大学)工作,历任湖南科技大学历史系副主任、人文学院院长、首席教授,还担任湖南省人民政府参事室参事、湖南省历史学会副会长、辛亥革命史研究会常务理事、中国减灾御灾协会灾荒史专业委员会副主任等职。

杨鹏程长期致力于中国近现代史的研究,以辛亥革命史、湖南地方史和灾害史为主攻方向,先后主持国家社科基金课题、教

育部课题、省“八五”重点课题和年度重点课题12项。在《人民日报》理论版、《近代史研究》等刊物发表学术论文150多篇，出版学术著作15部，共计500余万字。其中《二十世纪中国史》获省高校优秀教材二等奖，被全国20多所高校作为教材和参考书使用。《湖南灾荒史》是史学界第一部关于湖南地方灾荒史研究的专著，收入大型系列丛书《湖湘文库》再版，2010年获省社科成果一等奖。

杨鹏程长期工作在教学第一线，教书育人，师德高尚。他以“以德治学、以德育人、以德垂范”为题，先后在清华大学、北京师范大学、中南大学等省内外院校演讲过近100场。在清华大学的报告录像被制成光碟发行，文字稿收入《名师谈教学》一书，由人民出版社出版。1993年获首届曾宪梓高校优秀教师奖。2000年被评为省十佳师德标兵，由省政府授予一等功奖章。2003年被评为首届国家级高校教学名师，在人民大会堂受到温家宝总理等党和国家领导人的接见。2004年获评全国模范教师，享受国务院政府特殊津贴。

在生活中，杨鹏程是典型的“六不教授”，即不抽烟，不饮酒，不打牌，不赌博，不唱歌，不跳舞。他不轻易臧否人物，有儒雅之风。

杨鹏程曾任民盟湖南省第十一、十二届委员会常委，民盟湘潭市第十二、十三届委员会主委。2001年被民盟中央授予全国先进个人称号。他还是政协湖南省第八至十届委员会委员。

欧阳慧龄

——知名国画家

欧阳慧龄(1951—),国画家,女,湖南湘潭人,1995年加入中国民主同盟。曾任民盟湖南省委委员。现为民盟中央美术院理事、湖南民盟书画院副院长。

欧阳慧龄是湖南省画院专职画家,是国家一级美术师、中国美术家协会会员。作品曾多次参加全国展览并获奖。作品《月是故乡明》获文化部、中国美协举办的"迎99澳门回归中国画作品展"优秀奖;《荷魂》获"2002年全国中国画作品展"优秀奖;《静夜》获"2002年迎奥运全国中国画大展"优秀奖;《千姿绰约》和《月光下》入选"第十三次全国新人新作展";《月光曲》入选"2001年全国中国画作品展";《清艳领风》入选"2005年全国中国画提名展";《新生》入选由中国美术家协会主办的"庆祝澳门回归中国画作品展"。曾受国务院邀请作画《占尽人间春色》,此画现悬挂在中南海宴会厅。先后出版《欧阳慧龄国画作品优选》《欧阳慧龄作品选集》《丽色清香——欧阳慧龄牡丹荷花作品集》。

欧阳慧龄原来是省文联的一名工作人员。她只是业余喜欢绘画，主要是画给自己看。有一次，她的画无意中被时任省文联副主席、省书画研究院院长钟增亚先生发现。钟先生很惊讶，对她说："欧阳慧龄，你一定能成为一个画家的。"这句话给了欧阳慧龄以极大的鼓舞，她决定投身绘画，后来逐渐成为专职画家。

欧阳慧龄是湖湘文艺界公认的美女画家。在她身上有一种端庄娴淑、聪慧灵秀的气质，融入笔墨中，使其画作呈现出一种雅逸之气。在《我的作画如是观》一文中，她曾袒露自己的心迹："凭借一盏灯、一张纸、一支笔，任我在五彩缤纷的艺术大海里细腻地享用着宁静。我像是一位虔诚的信徒，沿着朦胧而清晰的轨迹，在朝圣的路上慢慢前行，没有沮丧，没有寂寞，只有灵魂的感动和情感的升华。"

欧阳慧龄曾任民盟湖南省第十一、十二届委员会委员，省直文联支部主委。她还是湖南省文史研究馆馆员，第九届湖南省妇联执委。

李利君

——连任三届全国政协委员的参政行家

李利君(1953—),女,湖南长沙人,1988年加入中国民主同盟。曾任民盟湖南省委副主委、湖南省监察厅副厅长(正厅级待遇)。

李利君1972年毕业于长沙师范中文科。1982年毕业于湖南师范大学政治系,获学士学位。1986年赴中国人民大学法律系攻读研究生。1992年赴西安外国语学院出国预备人员英语培训班和武汉大学师资培训中心英语班学习。1996年自修湖南财经学院货币银行学硕士学位课程。2001年至2004年在中南大学研究生院学习生命伦理学,获博士学位。1983年至1984年在长沙大学政法系任教,兼校团委副书记。1985年至1995年在湖南财经学院法律系工作,历任讲师、副教授、国际经济法教研室主任、法律系副主任。1988年通过全国律师资格考试,获律师资格,先后担任长沙市第九律师事务所、经济律师事务所、精诚律师事务所等多家律师事务所律师。1994 年当选为省妇联执委。1995 年被推荐参加第四届世界妇女大会,并受到大会组委嘉奖。1996 年 2 月任湖南省监察厅副厅长兼省效能办、省优化办主任。她还是中南大学、湖南大学兼职教授,并担任湖南省行政法学会副会长、湖南省行政管理学会理事、湘雅生殖医学伦理委员会副主席、湖南省君子文化研究会会长等职。

李利君历任民盟湖南省第十届委员会常委,第十一、十二届委员会副主委。

李利君是全国政协第九、十、十一届委员会委员,政协湖南省第七届委员会委员。她积极建言献策,成为参政议政专家。在担任政协委员整整 20 年生涯中,始终以一颗赤子之心,为反映人民意愿大声疾呼。她累计提交政协提案 472 件,其中完全由自己动手撰写、作为第一提案人或独立提案人的全国政协提案 148 件,大会发言材料 52 件。在湖南省政协全体会议上发言 1 次,在全国政协全体会议上发言两次,在有中央政治局常委参加的全国政协联组会议上发言 6 次。其中,先后有 100 多篇提案被媒体广泛报道,20 多篇提案和发言被收入全国政协《把握人民的意愿》《挖掘人民的意愿》相关文选,3 篇提案作为全国政协参考示范提案印发全国政协委员、各民主党派中央、政协各专委会等参阅。其中在全国政协九届五次会议上所提的《完善党风廉政责任制,确保责任制的落实和有效发挥作用》、全国政协十届四次会议上所提的《修改完善招投标法,加大依法打击工程建设商业贿赂力度》,先后被评为全国政协优秀提案。李利君将自己多年的参政议政成果汇编成《利君献言国是》一书,在湖南人民出版社出版。在书中,她总结了自己的参政议政经验,就如何撰写高质量的提案谈了四点体会:一是应当切合实际,二是应当反映民意,三是应当具有一定的前瞻性,四是应当被有效利用。

陈和西

——中国南方山水油画的探索者

陈和西(1953—),油画家,湖南浏阳人,1989年加入中国民主同盟。现任湖南师范大学教授、博士生导师,湖南省美术家协会副主席。

陈和西16岁进水泥厂,当拉丝工人。1982年毕业于广州美术学院油画系,1993年结业于湖南省高校师资培训中心研究学者班。后调入湖南师范大学,历任讲师、副教授、教授。

陈和西先从事连环画创作。他的第一个连环画作品《拉钟老人》推出后,颇受好评。后转向水彩画创作,《风景》《静物》等水彩画相继入围全国水彩画展。1996年起投入油画创作。作品曾入选第六、七、八、九、十、十一届全国美展。曾获得1987年“全国教师书画展”优秀奖,1991年和1992年“湖南省美展”银奖,1995年“湖南省美展”一等奖,1999年“第九届全国美展”铜奖和省“五个一工程”奖,2010年“研究与超越——第二届中国小幅油画艺术展”艺术奖(最高奖)。数件作品被中国美术馆和北京国际艺苑收藏,在多家艺术刊物发表。出版有《艺术基础教程》《现代水粉画技法》《陈和西素描集》《陈和西油画作品精选》《陈和西油画风景集》《当代各家画典:陈和西、谢伦和素描集》《水粉现代表现技法》《水粉干画技法》《高等美术院校教学示范作品——油画风景》《高等美术院校系列教材——油画》等著作。

陈和西是“南方油画山水画派”的创立者,被誉为“田园歌者”“意境田园的创造者”。这个画派正式成立于 2013 年 7 月,参与者包括安徽、福建、广东、广西、海南、湖南、云南等南方各省的多位著名画家。他们提出“油画民族化”的主张,希望能将中国古代山水画的精髓融入油画创作之中。陈和西担任这个组织的副会长,是这一画派的代表人物。几乎每个星期,他都要背起画板,到或近或远的村庄写生,去寻找安放自我的精神家园。他自称:“我走在一条孤独的路上,而且越走越艰难。”作家叶梦评价他的作品道:“最大的特点是建立了系统的、个人化的绘画语言,把油画的色彩技法与中国画的意境构图结合起来,揉在一起,从中找到了最合适自己的方法。”

陈和西长期从事美术教育,培养出众多优秀学生。2016 年 12 月,湖南国画馆举办了“化象为境——陈和西教授师生油画作品展”,受到社会各界关注。陈和西说,很欣慰自己亲手培养出一大批学生,大有长江后浪推前浪之势,我们的艺术生命在他们之中延续。

陈和西积极参与湖南民盟书画院工作,担任副院长。

李　平

——知名导演

李平（1955—），导演，山东栖霞人，1996年加入中国民主同盟。曾任民盟湖南省委委员。现为湖南电视台电视剧制作中心导演。

李平1978年12月毕业于湖南省艺术学校。1978年12月至1997年11月在潇湘电影制片厂从事摄影。1997年11月至2002年9月任湖南经济电视台导演。2002年9月至今任湖南电视台电视剧制作中心导演。

李平自1983年起参加影视拍摄，担任摄影师、制片主任、导演等，多年来屡获大奖，成为享誉全国的实力派导演。由他担任导演的电视连续剧有15部。其中1998年的《还珠格格》（第二部）、2002年的《天上人间》（《还珠格格》第三部）、2000年的《情深深雨濛濛》等使他声誉鹊起。《情深深雨濛濛》获央视全年度收视冠军。由他担任摄影师的影视剧有30多部。其中《艰难的采访》获中南六省区“金帆奖”一等奖。《白栅栏》获全国电视剧“飞天奖”二等奖。《潮魂》获中南六省区电视剧“飞天奖”一等奖，他本人获优秀摄像奖。《原子弹爆炸前的秘闻》获全国录像带二等奖。《六个梦》之二《哑妻》获台湾最佳电视连续剧“金钟奖”，他本人获最佳摄影提名。《屈原》获中南六省区“金帆奖”二等奖。《蓝星星黑星星》获湖南省“五个一工程奖”二等奖。《英雄无悔》获全国“五个一工程”一等奖、全国“飞天奖”一等奖。2002年10月，他被评为“第二届中国电视艺术十佳导演”。

李平执导的《还珠格格》(第二部)，不仅使他个人登上了事业的巅峰，在中国电视剧史上也创造了一个几乎不可逾越的收视奇迹。1999年该剧播出时，迅速打破《还珠格格》(第一部)创造的收视纪录，在全国平均收视率突破了54%。每当播出之时，地不分东西南北，人不分男女老少，几乎万人空巷。

李平曾任民盟湖南省第十、十一届委员会委员。

郑冷横

——知名少儿音乐家

郑冷横（1956—），词曲家，湖南湘潭人，1986年加入中国民主同盟。曾任民盟岳阳市委委员、岳阳市文联副主席。现任湖南省音乐家协会少儿音乐创作与教育专业委员会会长、岳阳市音协主席。

郑冷横1986年毕业于长沙湘江音乐师范班，1989年获自考大专文凭。1971年6月参加工作，历任岳阳地区歌舞团演奏员、岳阳四化建子弟学校教师、岳阳市教育科学研究院音乐教研员。还先后担任中国音协会员、湖南省音协音乐教育委员会副会长、湖南省教育学会音乐教育专业委员会副会长、岳阳市文联副主席、岳阳市音协主席、湖南民院科技大学音乐学客座教授，并享受国务院政府特殊津贴。

郑冷横是知名作曲家，以创作少儿歌曲见长。他先后在全国省级以上电视台、电台、音乐刊物、音像出版社，播映和发表各类音乐作品300多件。其中有34件音乐作品获全国性奖励。代表作有《我们都是小虎子》《金月亮》《我家有个泥小猪》等。连续6次获中央电视台儿童音乐电视大赛和文艺节目评选创作金奖,连续9次荣获团中央精神文明建设“五个一工程”优秀作品奖,8次荣获湖南省委宣传部精神文明建设“五个一工程”优秀作品奖。《小企鹅》等5首歌曲编入国家中小学音乐教材,4首歌曲编入全国少儿声乐考级教材,7首歌曲被作为全国少儿卡拉OK电视大赛必唱曲目,由人民音乐出版社制成光盘出版。舞蹈音乐《龙舟乐》《我也要当兵》分别获文化部全国首届“蒲公英”少儿舞蹈大赛创作金奖、银奖。舞蹈音乐《踩雨》获教育部、文化部、广电部、团中央举办的全国首届中小学文艺调演创作金奖。中央电视台二套、三套、四套及《人民日报》《光明日报》《中国青年报》《中国艺术报》等全国70多家电视台、报刊对他进行过专题报道。著有少儿歌曲集《系上一束阳光》、中学校园歌曲专集《校园风》。中国音乐家协会监制、中国音乐家音像出版社把郑冷横作为中国当代50位作曲家之一。2012年8月,他又被人民音乐出版社授予“全国十佳作曲家”称号。

郑冷横被称为“老顽童”,也有人称他为“音乐疯子”。他童心未泯,总保持着火一般的执着,兴致来了,便手舞足蹈。哪里有他,哪里就有快乐;哪里有他,哪里就有跳动的音符。他不断关注着社会,用作品体现时代的变化,用歌曲表达着时代的精神。在1998年抗洪抢险中,他创作了激情四溢的歌曲《护坝歌》,在中央电视台“我们万众一心”大型赈灾义演晚会上作为主打歌曲由众多著名歌唱家演唱,产生了广泛的影响。

郑冷横曾任民盟岳阳市委委员。他还是政协岳阳市第四、五、六届委员会常委。

陈幼平

——曾任民盟中央副秘书长、组织部部长

陈幼平(1956—),湖南长沙人,1986年加入中国民主同盟。曾任民盟中央委员会副秘书长、组织部部长,民盟湖南省委专职副主委。

陈幼平1975年9月至1978年1月在湖南省郴县建筑公司汽车队从事汽车修理工作。1978年2月至1982年1月在吉林工业大学学习,获工学学士学位。1982年1月至1997年7月在长沙交通学院任教,历任讲师、副教授、教研室主任、汽车运输系副主任,全国高等学校载运工具运用工程(汽车)专业教学指导委员会委员,《中南汽车运输》杂志副主编。期间1982年3月至1983年1月在西安公路学院进修研究生基础课,1987年3月至1988年3月在美国普渡大学做访问学者,1992年8月至1993年7月在加拿大新卡里多尼亚学院教学。1997年7月至2006年3月历任民盟湖南省委专职副主委、专职副主委兼秘书长。2006

年3月起历任民盟中央组织部副部长、部长、副秘书长，民盟中央机关总支委员会主委等职。

出版专著和教材有《汽车电器及电子技术》《交通事故调查及处理指南》《汽车自动变速器构造与修理》《汽车汽油机电子控制装置故障诊断与维修》《进口轿车驾驶员维修知识》等6部，发表论文20多篇。1996年获交通部首届"吴福－振华交通教育优秀教师奖"，1997年获湖南省教学成果一等奖。

陈幼平历任民盟湖南省第十届委员会副主委、第十一届委员会副主委兼秘书长，民盟中央第八、九、十、十一届委员会委员。

陈幼平是政协湖南省第八、九届委员会常委、副秘书长，全国政协第十一届委员会委员。在2012年全国政协十一届五次会议上，他提出了"少年司法公检法一体化"的提案，建议在公安部、省级和地市级公安机关设立专门的未成年人刑事案件指导机构，在区县级公安机关派出所和刑侦部门设立办理未成年人刑事案件的专门小组，加强公安机关办理未成年人刑事案件专门机构和专门人员队伍建设。这一建议受到广泛关注。新浪网、凤凰网、《法制日报》等媒体予以报道。

历史学家何光岳评价陈幼平：为人谦和公正，扶植后进，勤奋工作，是不可多得之民主党派好领导。

孟繁英

——著名慈善人物、“全国最美志愿者”

孟繁英(1958—),慈善人物,女,湖南长沙人,2006年加入中国民主同盟。现任民盟雨花区综合一支部主委。

孟繁英1976年7月毕业于长沙市第一中学。1976年11月到2000年在长沙电信分公司工作。2000年从该分公司退休后,走进社区做义工。2004年参与创办“长沙雨花义工俱乐部”。2006年创办全省首个社区青少年禁毒教育基地。2008年注册成立民间社团“长沙孟妈妈青少年保护家园”(简称“青护园”)。2010年成立“孟妈妈禁毒联盟”。2012年建立“社区未成年人心灵家园”。几年来,“青护园”接访上万人次,信件交流2000余封,走访上千户,帮扶特殊群体青少年近2000名,帮助220名失足少年改过自新、升学就业。“孟妈妈”成为长沙城一个爱的符号。她还被选聘为湖南省未成年犯管教所、湖南省未成年劳教所、白泥湖戒毒所、长沙市公安局看守所、隔离戒毒所的社会帮教老师。

孟繁英的大爱感动了无数人。文花枝、任菲莉、李丽等近2000名社会爱心人士加入她的团队,成为“青护园”爱心园丁。先后参与她组织的各项公益活动的志愿者达30000人次。孟繁英的哥哥在弥留之际,将治病余下的5000元钱交给她,希望用于济困行善,并嘱咐去世后捐出自己的眼角膜,后来两位农民工的孩子因此而重见光明。

孟繁英先后荣获“中华慈善人物”“全国十大民间禁毒人士”“中国好人榜好人”“全国百佳优秀志愿者”“湖南省杰出金牌义工”“湖南省最具影响的法治人物”“长沙市首届道德模范”等荣誉称号。2013年12月入选“湖南十大同心人物”。2014年12月,被中宣部、中央文明办、中国志愿服务联合会评为全国“最美志愿者”,成为湖南省唯一获奖代表。

孟繁英担任雨花区综合一支部主委。她热心盟务工作,所负责的支部多次被评为民盟长沙市委先进基层组织,2012年被评为民盟中央先进基层组织。她本人也荣获“全国优秀盟员”等称号。

孟繁英先后当选长沙市雨花区第三届人大代表和长沙市第十三、十四届人大代表。她先后撰写了《关注流浪未成年人救助工作》《加强网络管理、预防未成年人犯罪》《加强对闲散未成年人的关注,降低未成年人犯罪率》《加强被判处非监禁刑的未成年人管理,降低重新犯罪率》《建立完善青少年犯罪社区矫正机制》《完善未成年人监护制度,制定虐童法》等多份建议书,得到重视和采纳。

薛 敏

——知名妇产科专家、“中国最美女医师”

薛敏(1959—),妇产科专家,女,安徽寿县人,出生于湖南湘潭,1994 年加入中国民主同盟。曾任民盟湖南省委常委,现任中南大学湘雅三医院妇产科主任。

薛敏 1978 年 9 月至 1983 年 7 月在湖南医学院医疗系学习。1983 年参加全国医学院校应届毕业生统考,获全国第一名,时任卫生部部长崔月犁亲自给她颁奖。毕业后留在湘雅医院妇产科工作。1993 年 1 月调湘雅三医院妇产科任副主任,1999 年晋升为教授并被任命为妇产科主任、妇产科教研室主任。

薛敏是知名妇产科专家,被誉为妇科“女超人”,享受国务院政府特殊津贴。她近年主持及参与国家级课题 5 项,主持省自然科学基金重点项目、科技计划重点项目 2 项,厅级课题 20 余项,获国家专利 4 项;在国内外期刊发表论文 150 余篇,其中 SCI 论文 50 余篇;主编专著 8 部,参编 10 部;获省科技进步奖及省医学科学技术奖4项。2010年至2011年连续两年获恩德思医学科学技术奖中的“国际内镜杰出领袖奖”。20世纪90年代,她在全省率先引进妇科宫腹腔镜技术,用宫腹腔镜为上万例患者做过手术,满意率达99%以上。她与著名生殖遗传专家卢光琇教授合作,在省内率先将宫腹腔镜联合手术应用于不孕症患者,取得了良好的社会效益。湘雅三医院妇产科已成为湖南省最大腔镜中心,卫生部指定湖南唯一腔镜培训基地,省内综合医院中床位数、出入院病人数最多的妇科诊疗中心,在省内外具有很大的影响力和知名度。2015年10月,她在全省率先引入达芬奇机器人,对一名53岁的女性患者成功进行腹腔镜全子宫及双侧附件切除手术。此后,在不到3个月的时间里,她成为国内首个单月完成40例机器人手术的妇产科医生及单日手术量最大的医生,并一直保持妇科机器人手术全国第一。

薛敏侍患如亲,悬壶济世,每天不知疲倦地工作,坐诊时所有电话一律拒接,患者无不对她翘首称赞。她先后获评“湖南省十大青年女杰”、中南大学首届“湘雅名医”、湖南省“芙蓉百岗明星”、2014年度“全国医德标兵”等荣誉称号。2014年1月,她入选“湖南省十大同心人物”,在颁奖大会上,省长杜家毫称赞她:“生命延续的节点,有你妙手仁心的接力,在每一个婴儿第一声啼哭中,你收获人生最美的笑容。”2016年6月,薛敏在全国数百万名女医师中脱颖而出,荣获首届“中国最美女医师”称号。

薛敏是民盟湖南省第十一、十二届委员会委员,十三届委员会常委。她还是政协岳麓区第二届委员会常委、第三届委员会委员。

陈　萍

——知名歌唱家

陈萍(1959—),歌唱家,国家一级演员,女,湖南宁乡人,1989年加入中国民主同盟。1999年加入中国共产党。现任民盟中央艺术团理事、民盟湖南省直文化艺术基层委员会主委。

陈萍1999年毕业于湖南师范大学音乐学院。1992年至1994年赴上海音乐学院进修学习,师从著名声乐教育家王品素教授。历任湖南省歌舞剧院歌舞团副团长、歌剧团团长等职务。现任中国音乐家协会会员、湖南省音乐家协会理事、湖南省艺术专家委员会委员。

陈萍是实力派歌唱家,曾荣获湖南省首届"德艺双馨"中青年文艺家称号。1994年6月,她在中央电视台主办的第六届青年歌手电视大奖赛中荣获专业组民族唱法"银屏奖";同年10月又在中国音协主办的全国首届"中华歌会"歌手大赛上荣获湖南赛区第一名,并代表湖南参加全国及东南亚地区总决赛,荣获专业组民族唱法三等奖。先后在中共湖南省委、省政府主办的“长城之歌”“长征颂”“湖南省大型民族音乐会”“田汉作品音乐会”“改革颂”“世纪之光”大型交响音乐会和电视文艺晚会中担任独唱。2012年、2013年，先后在湖南音乐厅举行的“中国经典作品音乐会”及“春天的祝福”大型交响音乐会上担任独唱。曾多次代表湖南赴波兰、新加坡、泰国、奥地利、美国、俄罗斯等国家及香港地区进行艺术交流演出。独唱《阿妹出嫁》《茉莉花》《马桑树儿搭灯台》《四季花儿开》等湖南民歌，受到热烈欢迎。

陈萍多年来录制独唱歌曲百余首，主要演唱曲目有白诚仁作曲的《绿色染八哥》《汨罗风光好》《靖州之歌》《唐人神赞》，杨天解作曲的《黄河知道我是谁》（获中国郑州国际少年武术节创作歌曲评选一等奖）、《蝶恋花》（获湖南省广播电视台音乐专题片一等奖）、《正是月圆时》（获湖南省创作歌曲三等奖）及《石板街》《乡谣》《家乡的小桥》《苗歌侗妹搭歌台》等，刘振球作曲的《山孩子》《浪淘沙·观剧》《好人龙清秀》，鲁颂作曲的《背篓街》《郎嚼槟榔没开心》《苏醒的心灵》，佘刚林作曲的《牛腿琴》（获湖南省新歌新曲评比银奖），冯往前作曲的《木叶情歌》（获湖南省第二届歌曲征集二等奖），殷景阳作曲的《玉米饼子》（湖南“珠江杯”创作歌曲评比三等奖）。此外，还为湖南电视台摄制的电视连续剧《武陵源》《揭开秘密》《韶山星火》以及长沙电视台摄制的音乐专题片《大围山》（获全国城市电视台文艺评选一等奖）、《弯弯的浏阳河》（中国首届电视节目转播三等奖），深圳电视台录制的电视片《这边风景》等配唱主题曲。

罗光磊

——西泠印社社员、知名篆刻家

罗光磊(1959—),书法篆刻家,字明斋,别署尽微庐主,湖南新化人,2004 年加入中国民主同盟。现是湖南民盟书画院成员。

罗光磊 1982 年起开始学习篆刻、书法。现为西泠印社社员、中国书法家协会会员、湖南省甲骨学会副会长、湖南省政协书画室特聘创作员、湖南省书法家协会理事兼篆刻委员会副主任、长沙市书法家协会名誉主席、岳麓印社社长。

罗光磊是当代湖南印坛中青年的领军人物。其作品入展全国第二、三、四、八、九届书法篆刻展,全国第二届中青年书法篆刻家作品展,全国第一、二、五届篆刻艺术展,西泠印社第三、五、六届全国篆刻评展,首届国际青年书法展,“中·日篆刻艺术展”,全国中青年篆刻家作品展,首届全国青年书法篆刻展,第三、四届全国书法百家精品展,中国美术馆当代篆刻艺术邀请展，当代篆刻艺术大展等。曾获西泠印社第三届国际篆刻书法大展篆刻优秀奖，第二届“羲之奖”全国书法篆刻大赛一等奖，“今古墨缘”中国书画新作大赛一等奖，第二届全国电视书法大赛金奖等。

罗光磊篆刻与书法曾师承著名篆刻家谢梅奴先生，是篆刻大师唐醉石的再传弟子。其书印走清雅规整一路。其篆刻立足于汉式，刀笔力求自然、平实、大度，故其印中有着雅正之气，清雅之中见丰厚润泽，巧变之间有着安详的仪态。出版著作《中国篆刻百家·罗光磊卷》《罗光磊篆刻选》《楷书入门·钱体》。作品被中国美术馆、中国艺术研究院、中国篆刻艺术馆、湖南省博物馆、湖南省图书馆、西泠印社等收藏。

罗光磊是篆刻艺术教育家、活动家。他自觉担负起湖南省篆刻薪火传承的使命，致力于结社兴艺和传道、授业、解惑。2013年由中国文艺出版社出版的《二十四孝印集》集中展示了罗光磊及其门人在篆刻艺术领域取得新的学术成果。作为岳麓印社的“掌门人”，罗光磊在倡导、组织本土印学活动中做出了突出的贡献。10年编辑20余期的《长沙篆刻》，记录下他为繁荣、发展湖南省篆刻艺术不懈努力之“心路历程”。他还组织举办了“陕西·湖南篆刻家篆刻作品联展”“江苏·湖南篆刻家作品联展”“山东·湖南篆刻家作品联展”“长沙·武汉百人篆刻展”等一系列省内外颇有影响的大型书法、篆刻活动。

罗光磊是政协长沙市第十届委员会委员，湖南省文史研究馆特约研究员。

谭蔚泓

——著名生物化学家、中国科学院院士

谭蔚泓(1960—),生物化学家,中国科学院院士,2012 年加入中国民主同盟。现任民盟湖南省委常委、湖南大学副校长。

谭蔚泓 1985 年毕业于湖南大学生物系,1993 年获密执安大学分析与物理化学专业博士学位。1994 年至 1995 年在美国能源部艾姆斯实验室进行博士后研究。从 1996 年起在美国佛罗里达大学化学系任教,并在佛罗里达大学麦克奈特(McKnight)大脑学院、姗兹(Shands)肿瘤中心、遗传学院、莫菲特(Moffitt)肿瘤研究院以及生理和功能基因学系任教授或研究员。2004 年起任美国佛罗里达大学研究基金会教授,2008 年担任该校杰出 V. T. and Louis Jackson 主任教授。2009 年到湖南大学工作,历任湖南大学生物学院院长、湖南大学化学生物传感与计量学国家重点实验室主任,2017 年 9 月任湖南大学副校长。还担任美国科学促进协会(AAAS)、美国化学会

(ACS)、生物医学工程学会(BES)、神经科学学会(SN)、生物光子学学会(BS)、国际光学工程学会(SPIE)等学会会员,美国光学学会组委会成员,中国国家纳米科技中心学术委员会委员。

谭蔚泓2000年获得“国家杰出青年基金”,2001年被评为“长江学者奖励计划”特聘教授。2009年入选国家“千人计划”。他在纳米技术及其超小型生物传感器、生物医学实时成像、单细胞活体检测、分子触角超分子、分子信标DNA探针等研究领域取得创造性成果。在《科学》等国际知名学术刊物上发表学术论文330余篇,高被引64篇,他引13500多次。先后主持国家重大科学研究计划、科技部国家重大仪器设备开发专项、国家自然科学基金国际合作重点项目、美国国家科学基金、美国国家卫生研究院基金等重要课题50多项。研究成果曾10多次在美国获奖,如1997年贝克曼基金会杰出青年奖、2004年“匹兹堡分析化学和光谱学成就奖”、2005年美国科促会会员奖、2012年美国化学会弗罗里达成就奖等。教育部发布的“中国未来与高校创新”官方统计数据显示:在全球化学领域华人英才排名中,其论文总产出量排名全球第五位,其学术影响力排名第十六位。2015年1月,他领衔的团队完成的“功能核酸分子识别及生物传感方法学研究”获得2014年度国家自然科学奖二等奖。2015年12月,当选中国科学院院士。2016年11月当选第三世界科学院院士。

2015年1月,谭蔚泓被补选为民盟湖南省第十三届委员会委员。2017年6月,当选民盟湖南省第十四届委员会常委。

唐未兵

——曾任湖南商学院院长

唐未兵(1962—),湖南平江县人,1987年加入中国民主同盟,后加入中国共产党。现任湖南工业大学党委书记。

唐未兵1983年毕业于湖南师范大学政治系,获经济学学士学位;1989年毕业于中国人民大学经济学院,获经济学硕士学位;2004年毕业于中国人民大学经济学院,获经济学博士学位。2013年在美国罗格斯大学做高级研究学者。1983年7月至2005年7月,历任湖南师范大学经济学助教、讲师、副教授、教授,"两课"教学指导委员会主任,商学院副院长、党委书记、教务处处长。2005年7月至2014年8月,任湖南商学院党委副书记、院长。2014年8月起,任湖南工业大学党委书记,兼任湖南省青联常委、全国高校社会主义经济理论研究会理事、中国《资本论》研究会理事、教育部本科教学工作水平评估专家等职务。

唐未兵长期致力于经济理论的教学和研究工作。主持和参与完成多项国家级、省部级课题。出版著作、教材14部。代表著作有《国有经济论》《公有制实现形式研究》《中国转轨时期所有制结构演进的制度分析》《科技促进经济发展方式转变研究》《湖南扩大消费需求与启动消费热点的对策研究》等。唐未兵先后获得湖南省首届优秀青年社会科学专家,湖南省第四届优秀社会科学专家,湖南省“五个一工程”优秀作品一等奖,湖南省首届社会科学基金课题优秀成果一等奖等荣誉称号或奖励。唐未兵先后入选“新世纪百千万人才工程”国家级人选,享受国务院政府特殊津贴专家,教育部“新世纪优秀人才支持计划”人选。

唐未兵是政协湖南省第十届委员会委员,湖南省第十二届人民代表大会代表。

陈启文

——知名作家

陈启文(1962—),作家,湖南临湘人,2007 年加入中国民主同盟。现为广东省东莞市作家协会主席。

陈启文 1981 年从岳阳师范专科学校毕业,1986 年从湖南教育学院中文系毕业。1981 年 6 月至 1984 年 9 月任临湘市江南中学教师。1986 年 9 月至 1991 年 12 月任临湘市文联秘书长、专职副主席。1992 年 1 月至 1993 年 10 月任大庸市(现张家界市)《张家界》杂志社社长兼主编。1993 年 10 月至 1999 年 12 月任广东省出版集团花城出版社业务经理、广东花城天图有限公司副总经理。后历任东莞市作家协会副主席、主席等职。

陈启文的作家梦萌芽于他的学生时代。他的一位同学回忆:他在读岳阳师范时,有一位语文老师课讲得不错,且已发表过不少作品。陈启文年少气盛,自认为作文很棒,对老师每每给他六七十分的判分不以为然。终于有一天,他决定考考老师,他从一份公开出版的刊物上原原本本地抄了一篇文章交了作业,老师仍然只给了他六十几分。于是陈启文断定不是自己不行,而是老师的眼光出了问题。在接下来的一篇自命题作文里,他编了个故事,模仿《林海雪原》中匪首许大马棒的绰号,影射老师为“牛大马棒”。师范毕业后,他还曾专程跑到学校去看望老师。

陈启文被媒体誉为60后代表作家。陈启文1982年开始文学创作,1993年加入中国作家协会。迄今已在《人民文学》《中国作家》《十月》《花城》等核心文学期刊上发表作品五百余万言,主要著作有长篇小说《河床》《梦城》《江州义门》,散文随笔集《季节深处》《漂泊与岸》《港澳往事》《孤独的行者》等。有300余篇作品被《新华文摘》《小说选刊》《小说月报》《中篇小说选刊》等选载,入选五百余种国内外文学选本以及“中国当代文学最新作品排行榜”等多种文学排行榜。

陈启文是一个具有把握大题材能力并擅长叙事的作家。近年来,他致力于报告文学创作,相继推出《南方冰雪报告》《共和国粮食报告》《命脉——中国水利调查》《大河上下》《袁隆平的世界》等多部长篇报告文学。《大河上下》被称为“迄今最好的一部有关黄河的故事与命运的传记,是以报告文学的方式对黄河进行全景式描述的史诗”。《袁隆平的世界》是他用长达四年的时间进行田野调查和追踪采访而完成的大型报告文学著作。该书2016年12月出版后,迅速成为畅销书,被誉为“袁隆平院士最认可、迄今最权威、最厚重的袁隆平传记”。2017年7月13日,中央电视台“焦点访谈”节目介绍了这本书。

陈启文作品曾获第二届中国出版政府奖，第三、四届“三个一百”国家原创出版工程文艺类图书奖，第一、二届郭沫若散文奖，第三届冰心散文奖，第四届老舍散文奖，第四、五届徐迟报告文学奖，第四届毛泽东文学奖，第二届在场主义散文奖，首届林语堂散文奖等图书奖和文学奖，并多次入围茅盾文学奖、鲁迅文学奖。

陈启文曾任政协岳阳市第六届委员会委员。

袁兴中

——国家科技进步二等奖获得者

袁兴中(1963—),1995 年加入中国民主同盟。现任民盟湖南省委常委、民盟湖南大学委员会主委,湖南大学环境科学与工程学院副院长、教授。

袁兴中 1984 年毕业于湖南大学化学化工系分析化学专业。1984 年至 1987 年在铁道部机车车辆工艺研究所从事材料研究。1987 年至 1990 年入杭州大学高分子化学专业学习,获硕士学位。毕业后进入湖南大学环境科学与工程系从事环境科学与工程领域的研究与教学工作。1997 年被评为副教授。1998 年至 2003 年在湖南大学学习环境工程专业,获得博士学位。2002 年任湖南大学环境科学与工程学院副院长。2003 年在加拿大雷吉纳(Regina)大学从事合作研究工作。2004 年被评为教授和博士生导师。

袁兴中先后主持或参与了国家"863 计划"(国家高技术研

究发展计划)项目、国家“973 计划”(国家重点基础研究发展计划)、国家自然科学基金项目、湖南省科技攻关重大专项等重点项目的研究,还主持了大量环境影响评价项目和生态环境规划项目。先后发表了180多篇论文,其中130余篇被列入SCI,已获授权专利30多项,撰写或参与撰写专著5本。袁兴中2002年获国家教育部自然科学一等奖(排名第四),2003年获湖南省科技进步一等奖(排名第二),2006年获国家科技进步二等奖(排名第三),2007年获得湖南省科技进步一等奖(排名第一),2008年获教育部技术发明一等奖(排名第五),2013年获湖南省科技进步二等奖(排名第二)。2005年入选湖南省学科带头人培养计划,2007年入选湖南省新世纪121人才工程第一层次。2008年享受国务院政府特殊津贴。

袁兴中除参加学校组织的教学科研活动外,还参与了大量的社会服务活动。一直兼任湖南大学环境影响评价中心常务副主任,组织环境影响评价工作,担任国家、湖南省专家组成员。2002年被国家环境保护总局评为全国环境保护先进个人。

袁兴中先后任民盟中央第十一届委员会生态环境委员会委员,民盟湖南省第十三、十四届委员会常委,民盟湖南大学委员会主委。

贺跃辉

——国家科技进步奖一等奖获得者、长江学者

贺跃辉(1963—),粉末冶金专家,教育部“长江学者奖励计划”特聘教授,湖南衡阳人,1996年加入中国民主同盟。曾任民盟中南大学校本部委员会主委。现任中南大学粉末冶金研究院副院长、教授。

贺跃辉1980年至1984年就读于湘潭大学金属材料专业,获工学学士学位。毕业后留校任教。1987年考入国防科技大学,攻读复合材料专业硕士研究生,1990年获硕士学位。1991年至1994年在中南工业大学冶金系攻读博士学位。毕业后,留校做博士后,师从黄伯云院士。1996年完成博士后研究工作,破格晋升为教授。1999年1月至2001年1月,在美国橡树岭国家实验室和田纳西大学做访问学者。2001年回国。2001年5月获得博士生导师资格。2008年12月至2009年3月,在澳大利亚昆士兰大学从事高级访问学者研究工作。历任中国钨业协会理事会技术顾问、中国材料学会理事、中国材料学

会超硬材料分会副主任、中国材料学会先进材料及金属间化合物分会副主任等职务。

贺跃辉承担了大量的科研工作。在“八五”期间主持国家863计划高技术基金项目“TiAl基合金增压器涡轮研究”。在“九五”期间主持国家“863计划”高技术基金项目“TiAl基合金近型成形技术的研究”。在“十五”期间作为副组长主持国家“863计划”高技术基金国防重点项目“800℃使用的变形TiAl基合金”(TiAl基合金:一种新兴的金属化合物结构材料)和“高性能纳米晶—准晶Al基合金材料制备技术”。其中,组织承担国家自然科学基金项目9项。先后在国内外知名学术刊物上共发表论文300余篇。其中EI收录152篇,SCI(科学引文索引)收录126篇,ISTP(科技会议录索引)收录6篇,论文他引400多次。获得国家发明专利47项,获国家级、省部级重大奖励10多项。其中“难熔钨资源深度开发应用关键技术”获2012年度国家科技进步一等奖(排名第三)。此外,还先后荣获国家杰出青年科学基金、霍英东研究奖励基金、广西壮族自治区科技进步二等奖、国家教育委员会科技进步二等奖、湖南省教育委员会科技进步一等奖、湖南省科技进步二等奖、国家有色金属工业局一等奖等多项奖励。

贺跃辉积极发挥学科优势,以高技术应用为依托,创办了长沙岱勒新材料科技有限公司、成都易态科技有限公司、湖南泰阳新材料有限公司等国家高技术企业,每年创造产值上亿元。

贺跃辉先后担任民盟中南大学校本部委员会副主委、主委。他还是政协湖南省第九、十、十一届委员会委员。

王阳娟

——知名湘剧表演艺术家

王阳娟（1964—），湘剧表演艺术家，女，湖南常德人，1996年加入中国民主同盟。现任湖南省文联副主席、湖南省戏剧家协会主席、湖南省湘剧院院长。

王阳娟出生于梨园世家。1973年进入常德市汉剧团习艺，师承龚锦云主攻文武花旦。毕业于湖南职工大学。后调入湖南省湘剧院工作。历任院长助理、副院长、院长。2012年6月当选为湖南省文联副主席。2013年10月当选为湖南省戏剧家协会第九届理事会主席。

王阳娟是知名湘剧表演艺术家。她是国家一级演员，享受国务院政府特殊津贴专家，中组部直联专家，湖南省文化系统“五个一批专家”。她嗓音甜美，唱腔圆润，基本功扎实，表演细致到位，且多才多艺，善于塑造各种人物，工文武花旦都拿手。代表剧目《马陵道》《李贞回乡》《思凡》《碰媒·逼婚》《谭嗣同》

《生死牌》《徐九经升官记》《红舞吧》《金精戏仪》《猴变》等。1999年,她主演的《马陵道》获国家文化部“文华大奖”,主演的《思凡》《蝴蝶媒》获第十七届中国戏曲“梅花奖”;2009年,她主演的《李贞回乡》获湖南省艺术节“田汉大奖”和湖南省“五个一工程奖”;2012年,她主演的《李贞回乡》获张家港长江流域艺术节“优秀剧目奖”、湖南省第一届文学艺术奖、全国“五个一工程奖”;2015年,她主演的《月亮粑粑》获第五届湖南艺术节最高奖——“田汉大奖”。

王阳娟是第十、十一届全国人大代表,政协湖南省第十一、十二届委员会委员。她积极建言献策,曾在全国“两会”上对当前演艺市场存在的一些怪象进行猛烈抨击,引起社会关注。作为政协委员,她先后提交了关于“加大对文艺工作者工作支持力度”“提升青年演员工资待遇”“保障老艺术家待遇”“利用公共场所宣传传统文化”“加大对剧院和剧场的改造和建设力度”“加强对重点院团的保护”“举办戏曲春节晚会”等建议,得到了相关部门的高度重视。

陈登斌

——湖南民办高等教育领军人物

陈登斌（1964—），教育家，湖南常德人，2013年加入中国民主同盟。现任民盟湖南省委常委、湖南民盟新社会阶层人士联谊会理事长，湖南信息学院董事长。

陈登斌先后从事司法工作、政府部门工作和信息产业开发研究。1996年与湖南师范大学联合办学。1997年独立创办湖南信息专修学院，2004年升格为湖南信息科学职业学院，2014年升格为湖南信息学院（本科），曾任院长7年，现任董事长。还担任了中国民办教育协会副会长、全国非营利性民办高校联盟副主席等职务。

陈登斌一手创办的湖南信息学院，占地1000多亩，其“五园五湖五桥五广场”的优美校园环境被誉为“中国最美大学校园之一”，在校师生10000多人，已为社会培养40000多名毕业生，先后获得教育部人才培养水平工作评估优秀等级、中央综治委平安校园建设优秀成果奖、省委省政府全省综治工作先进单位、省级示范高校、省党建工作先进高校、省文明高校、省平安高校、省大学生就业创业示范建设校等400多项荣誉，受到了党和国家领导人和社会各界人士的赞誉。学校办学条件、办学水平、美誉度等方面在全国同类院校中处于领先水平。陈登斌先后被教育部、人力资源和社会保障部评为“全国教育系统先进工作者”，被湖南省人民政府评为“创业标兵”，由湖南省人民政府记一等功一次、二等功一次。

陈登斌热心社会公益事业，近年来先后为教育事业、贫困乡村捐款600多万元。他始终坚持“用大爱办教育，以教育为己任”的情怀，履行“决不让一名贫困学生因为家庭困难而辍学”的承诺。学校每年单列200万元专项资金资助贫困学生，10多年来共帮助5000多名贫困学生顺利完成学业。

2002年，陈登斌当选长沙市人大代表，2007年当选为政协湖南省第十届委员会委员。他积极建言献策，为教育事业的发展鼓与呼。他在省政协十届三次全会上所做的《关于优化民办教育发展环境，推进民办教育可持续发展的建议》的发言，引起较大反响。时任副省长郭开朗当即做出批示，并主持召开全省民办教育发展座谈会，随后出台了《湖南省人民政府办公厅关于进一步促进民办教育发展的通知》（湘政办发〔2011〕38号）文件，有力地促进了全省民办教育的健康发展。2009年，他用一年时间进行调研，写成了《关于加大职业教育的经费投入，加速高技能人才培养，有力支撑湖南新型工业化的建议》，得到省政府和相关部门的采纳。全省职业教育生均经费由不足1000元提高到

3400 元，全省民办教育专项经费由 500 万元提高到 2100 万元。省政府还吸纳他关于毕业生就业问题的建议，出台了专门的优惠政策，构建了毕业生就业创业的绿色通道。

陈登斌先后担任民盟湖南省第十三届委员会委员、第十四届委员会常委、湖南民盟新社会阶层人士联谊会理事长。

夏　飞

——现任广西财经学院院长

夏飞（1964—），湖南桃江人，1990年加入中国民主同盟。现任民盟广西区委副主委，广西财经学院院长、教授。

夏飞1980年9月至1984年7月在湖南财经学院计划统计专业学习。1984年8月至1987年4月任西安统计学院经济统计系助教。1984年4月至2003年8月任长沙交通学院、长沙理工大学经济管理系助教、讲师、副教授、教授，系办公室主任、教研室主任。1994年2月至1995年1月在武汉大学进修经济学硕士课程。2000年9月至2005年1月在南京理工大学管理科学与工程专业学习，获博士学位。2003年9月至2009年8月任湖南商学院科研处常务副处长，学位与研究生教育办公室主任、教授。2007年5月至2008年2月任湖南省教育厅厅长助理（挂职）。2009年8月任广西财经学院副院长。2014年11月任广西财经学院院长。夏飞还担任教育部本科教学合格评估专家和全国高校贸易经济研究会常务理事，中南大学博士生导师，湖南大学、广西大学、湖南师范大学、湘潭大学等校兼职教授和硕士生导师。

夏飞主要从事区域经济学、产业经济学研究。主持完成国家社科基金项目《高速公路对我国农村工业化、城镇化、现代化的影响研究》《区域产业集群中高速公路的影响机理与相关政策研究》和《长株潭城市群综合交通运输体系研究》《高速公路对沿线区域经济发展的影响研究》等省部级重大、重点课题10余项。50多篇学术论文在《管理世界》《财贸经济》《财政研究》《统计研究》《数量经济技术经济研究》《经济管理》《系统工程》等重要学术期刊发表。出版著作、教材六部，其中《高速公路与我国新农村发展》获湖南省第八届优秀社科学术著作出版资助。2008年享受国务院政府特殊津贴，入选教育部“新世纪优秀人才支持计划”。2009年夏飞成为“新世纪百千万人才工程”国家级人选，荣获湖南省人民政府一等功。

夏飞曾任民盟湖南省第十二届委员会常委、教育委员会主任、民盟商学院支部主委等职。他积极参政履职，曾两次获得中共湖南省委统战部党外知识分子“三化”建设建议一等奖，2004年获得民盟中央高教论坛优秀论文一等奖。2012年5月起历任民盟广西区第十二、十三届委员会副主委。2013年3月起任政协广西壮族自治区第十一届委员会委员。

李义兵

——英年早逝的长江学者

李义兵(1965—2011),教育部“长江学者奖励计划”特聘教授,湖南宁乡人,1993年加入中国民主同盟。曾任长沙铁道学院(现为中南大学)教授、材料研究所所长。

李义兵1981年9月到1991年10月就读于华中工学院(现华中科技大学),先后获得理学学士学位、电子材料与元件专业硕士学位、电子材料专业博士学位。毕业后,进入长沙铁道学院任教。1993年9月破格晋升为副教授,1994年6月破格晋升为教授。1993年9月应邀赴意大利联合国教科文组织所属国际理论物理中心进行合作研究,并任联合国教科文组织国际物理中心研究员。1996年筹建了长沙铁道学院材料研究所并担任所长。1997年7月获得美国乔治梅森大学计算机信息科学博士学位。1998年6月担任美国 Virtual Technology 公司高级软件工程师。1999年2月担任美国 Network Solutions 公司高级软件工程师，同年 11 月担任美国 Simplexity 公司首席软件架构师。2004 年 1 月，担任美国 Global Net Xchange 公司软件开发部总监。2009 年 5 月，担任美国大学理事会企业构架师。2011 年 9 月 29 日在美国华盛顿逝世，年仅 46 岁。

李义兵长期致力于材料物理与计算科学方面的研究，被誉为“飞越太平洋的科技英才”。在其短暂的一生中，他在国内外杂志发表论文 100 余篇，其中 SCI 收录了 28 篇并被国内外作者大量引用，获得了五大科技成就：一是首次在国际上获得了 Ag 电子元激化谱。二是在国际上首次提出了电磁波在铁磁薄膜、多层膜和超晶格中的传输理论。三是在国际上首次提出研究薄膜和多层膜电子行为的新方法——P 矩阵法，被国际上称为“李方法”。四是制备了优质微结构电子材料。五是在国内首次制备了具有优越性能的红外隐身材料——二维周期结构复合膜系。

李义兵多次获得重大奖励。1994 年享受国务院政府特殊津贴，并被授予铁道部“有突出贡献的中青年专家”。1995 年获“全国优秀教师”称号，被湖南省人民政府记一等功。1996 年获得“湖南省十大杰出青年科技工作者”称号。1998 年获“霍英东青年教师奖”。2002 年 9 月受聘为教育部第五批“长江学者奖励计划”特聘教授，同时获“第八届中国青年科技奖”。

李义兵英年早逝，令人痛惜。有挽联云：“二十岁功成，科坛负盛名。学子昂首东来，拼搏几番无憾事；四十年名就，学界留典范。英才掉头西去，回归六道莫伤心。”

袁绍明

——知名书画家

袁绍明(1966—),书画家,笔名古岚,湖南汉寿人,2006年加入中国民主同盟。现为民盟中央美术院理事、湖南民盟书画院副院长、湖南画院专职画家。

袁绍明1990年毕业于湖南师范大学美术系,获学士学位。1998年毕业于中国美术学院国画系书法研究生班。2008年毕业于中央美术学院国内访问学者班。2015年入选湖南省艺术专家委员会委员。现为湖南画院专职画家。

袁绍明现为中国美术家协会会员、中国书法家协会会员、国家一级美术师。美术作品《金牛山》入选全国第八届美展,《黑山水》获文化部第八届"群星奖"银奖、湖南省"群星奖"金奖;《梦绕边城》获纪念《在延安文艺座谈会上的讲话》发表60周年全国美展湖南展区金奖;书法作品入选全国第五、六、七、八届中青年书法展,全国一、二、三届流行书风展,获第三回大韩民国华虹

（国际）书艺—文人画大展获最高奖、全国第一届风景名胜楹联展特等奖。出版有《古岚绘画精品》《古岚书画艺术》《楚志·墨·古岚卷》《造化真意——袁绍明书画作品集》。中央电视台、湖南卫视、山东卫视、《中国书法》等均对他做过专题介绍。

袁绍明的书法得益于敦煌民间书法，结体夸张扭曲，章法错落有致，用笔狂野奔放，生涩拙朴。他是20世纪90年代以来逐渐成熟、活跃于当代书坛的中青年实力派书家之一，赢得了越来越多人的喜爱和好评。当代书坛泰斗王镛评价其书法“率劲险峭，熟而能生，难得之相”。何应辉评价其作品“得心应手，才情挥洒，一气呵成，使再为之，或不可复得也”。崔向君评价其书法“具灵气，豪气，鬼气，匪气，必成大器”。

袁绍明的国画在构图和用色上不拘一格，自成一派。他将色彩巧妙融入水墨中，或以三两点彩色构成点缀，或以大面积色块铺陈画幅，又或以红、绿、黄等颜色交织渲染，形成看似云烟浩渺又似混沌不清的奇异世界。正如他自己所云：“画山水画的是境，而非景。”

向　华

——湖南微创介入医学的领头人

向华（1967—），微创介入医学专家，土家族，湖南慈利县人，1996年加入中国民主同盟。现任民盟湖南省委常委、湖南省人民医院副院长。

向华1986年9月至1989年7月就读于零陵地区卫生学校放射诊断专业。1989年7月被分配到张家界市人民医院工作，历任放射科医师、主治医师、副主任医师。2002年6月毕业于南华大学成教临床医学专业，获医学学士学位。2003年3月被引进到湖南省人民医院工作，历任放射科副主任医师，介入中心副主任、副主任医师、主任医师。2008年12月任湖南省人民医院副院长。

向华是湖南微创介入医学的领头人。他于2003年在省人民医院组建了微创介入科，2006年成立了全省最大的微创介入医学中心，2011年成立了湖南省放射介入质量控制中心与湖南省外周血管疾病微创介入诊疗中心。他带领技术团队创新了多项技术，尤其是对各种肿瘤（包括肝癌、肺癌、胆管癌、胰腺癌等中晚期实体肿瘤）的介入与微创综合序贯治疗、肿瘤所致并发症治疗及血管介入治疗（包括胸腹主动脉瘤、胸主动脉夹层、门脉高压门腔静脉分流、下肢闭塞性血管开通、脑动脉瘤、海绵窦瘤）等均达国内先进水平，填补了多项空白，部分技术已达国际水平。专业上的突出成就使他在介入领域身兼数职，他是卫生部介入诊疗管理专家工作组专家，中华医学会介入放射专业学组委员，国家科技部中国产学研促进会肿瘤微创创新战略联盟专家，中国抗癌协会肿瘤介入专业委员会常委，中国抗癌协会肿瘤微创专业委员会常委，中国抗癌协会肿瘤微创粒子治疗学组常委，中国生物医学工程学会肿瘤靶向治疗专业委员会副理事长，湖南省血管病综合诊疗管理专业委员会主委。他还曾荣获第九届“湖南省青年五四奖章”“长沙市十大创新新闻人物”等称号。

向华是民盟湖南省第十三、十四届委员会常委，民盟湖南省人民医院委员会主委。作为基层组织负责人，他带领省人民医院盟员加强组织建设，积极参政议政，做好本职工作，取得了突出的成绩。短短十来年间，在他的带动下，省人民医院民盟组织从支部逐渐升级为总支、委员会，盟员从 1 人发展到 60 多人，其中 20 多人成为医院中层干部。2010 年 3 月，时任全国人大常委会副委员长、民盟中央主席蒋树声视察湖南省人民医院，对医院民盟组织的发展工作给予较高评价。

向华是政协湖南省第十一、十二届委员会常委。

于向真

——催化剂专家、国家科技进步奖特等奖获得者

于向真(1967—),催化剂专家,湖南东安人,2010 年加入中国民主同盟。现为民盟岳阳市委委员、湖南建长石化股份有限公司副总经理、教授级高级工程师。

于向真 1989 年毕业于厦门大学化学系,被分配到长炼催化剂厂工作,历任微球车间技术员、工程师、车间副主任,厂机关开发科副科长、科长、发展部部长,厂副总工程师、副厂长。2005 年 4 月起,任中国石化催化剂长岭分公司副总经理兼总工程师;2007 年获评教授级高级工程师。后任湖南建长石化股份有限公司副总经理。2016 年,于向真被国务院批准为享受政府特殊津贴的专家。此外,还担任湘潭大学特聘客座教授、湖南省化学化工学会常务理事、湖南省石油学会理事、湖南省化学化工学会催化与绿色化学专业委员会副主任等职。

于向真致力于催化剂的研究,成果丰硕,为我国催化剂事业

的发展做出了较大的贡献。于向真发表50余篇论文，获得近20项国家专利，获得多个国家级、省级奖项。他参与的“高效环保芳烃成套技术开发及应用”项目，获2015年国家科技进步特等奖。该项目开发自主芳烃成套技术，帮助解决人们穿衣难题，这对解决我国粮棉争地矛盾至关重要。这项科研突破，使我国成为世界上第三个掌握该技术的国家，使中国石化高效环保芳烃成套技术达到国际领先水平，具有里程碑意义。2016年1月，中共中央统战部、民盟中央分别向于向真发来贺信。同年3月，中共湖南省委常委、统战部部长黄兰香前往岳阳，看望慰问了于向真。

于向真出生于湘南的大山，骨子里根植着湖湘文化中天生的倔强。2002年，他开始参与由石科院牵头的芳烃装置核心单元二甲苯分离所用的PX吸附剂的产业化项目。其主持并组织PX吸附剂的吨级工业放化，负责牵头设计、施工和工业化生产，他带领的团队在没有任何经验可以借鉴的情况下，克服重重困难，成功完成了国内首套PX吸附剂生产装置。PX吸附剂的开发成功，使当年进口的吸附剂价格由35万元/吨降到18万元/吨，据统计，仅2005年至2006年就为中石化节约资金2.8亿元。一位芳烃领域的老专家评价：“没有吸附剂在长岭的工业化成功，就没有国内大芳烃的国产化成功！”

于向真是民盟岳阳市第七、八届委员会委员。他还是第八届岳阳市人大代表、政协岳阳市第七届委员会委员。

文利新

——中国保健养猪专家

文利新(1968—),保健养猪专家,湖南省南县人,1997年加入中国民主同盟。现任民盟湖南省委常委、湖南农业大学动物医学院教授、长沙绿叶生物科技(集团)有限公司总工程师。

文利新1991年毕业于湖南农业大学动物科技学院兽医专业,留校任教至今。历任讲师、副教授、教授、博士生导师。1993年至1995年兼任湖南农学院饲料科技发展中心主任,1994年4月至1996年1月兼任湖南农业大学饲料研究中心主任,1996年1月至2000年9月兼任湖南农大追求饲料科技有限公司董事长、总经理。2002年1月联合发起创立长沙绿叶生物科技有限公司,担任总工程师、首席科学家,兼任湖南农业大学动物保健工程技术研究中心主任。

文利新首次系统地提出了保健养猪理论,被誉为“中国保健养猪第一人”。他创造性地提出了“动物生殖应激”学说,发现、命名了“母猪生殖应激综合征”等3个重要新疾病。主持完成了课题“保健养猪关键技术及产品研究与风味型肉源开发”,开发完善了“保健养猪技术”“135保健养猪技术”和“风味肉品生产的保健养猪技术”等3个技术体系。“135保健养猪工程”的核心技术“规模化养猪主要应激疾病关键防治技术”被国家农业部列为“优势农产品重大技术示范推广项目”,在全国18个省市得到推广应用,催生了功能性饲料和功能性畜产品两个千亿级的新产业,产生了巨大的社会效益和经济效益。该技术也被民盟中央社会服务部列为社会主义新农村建设项目,2002年以来,在全国22个省市共举办培训班近2000期,培训养殖户20多万人次。他先后荣获2009年度国家科技进步二等奖、第六届湖南省青年科技奖。此外还获国家发明专利16项,湖南省技术发明二等奖1项,湖南省科技进步二等奖2项、三等奖1项。2008年,文利新被湖南省人民政府记一等功。2012年,文利新被评为“湖南省践行社会主义核心价值观先进人物”。

文利新是民盟中央第十一届委员会社会服务工作委员会委员,民盟湖南省第十三、十四届委员会常委,民盟湖南农业大学委员会主委。他还是政协湖南省第十一届委员会常委、第十二届委员会委员。

任　军

——中国南派相声领军人物

任军(1968—),相声表演艺术家,艺名大兵,湖南长沙人,2001年加入中国民主同盟。现任湖南省文联副主席、省曲艺家协会主席。

大兵1990年毕业于湖南师范大学音乐教育系。1991年在中国人民解放军第二炮兵80305部队政治部演出队工作。1993年退役,应聘于长沙人民广播电台“星沙之声”栏目组。2009年10月进入湖南省话剧团,任副团长。现任湖南省文联副主席、湖南省曲艺家协会主席、湖南喜剧团团长、长沙市曲艺家协会主席。

大兵是南派相声的领军人物之一。1995年11月,大兵与杨其峙(艺名“奇志”)开始合作表演相声,因其浓郁的湖南本土气息而一举成名。1997年,获湖南省相声电视大赛二等奖。1998年,首次参加全国“牡丹杯”相声大赛获一等奖。1999年,获中央电视台“春节联欢晚会最佳节目”二等奖。2000年,与奇志合作表演相声《喜丧》,获得“第一届中国曲艺牡丹奖”表演奖。2001年,相声《治感冒》获得中央电视台“大红鹰杯”相声比赛二等奖,个人荣获最佳捧哏奖。2006年参加中央电视台春节联欢晚会,相声《谁让你是优秀》获观众最喜爱节目相声曲艺类二等奖。2007年参加中央电视台春节晚会,相声《免费电话》获观众最喜爱节目戏曲曲艺杂技魔术类二等奖。2008年10月,由大兵创作并领衔主演的相声剧《夺宝熊兵》在北京民族文化宫大剧院演出。2013年自编自演第二部相声剧《超人》受到广泛好评。2014年策划撰写30集电视连续剧《蠢得死传奇》。

大兵为中国传统相声的发展做出了较大的贡献。他和奇志的合作改变了北方相声独大的格局。他们的表演淡化捧逗哏角色区分,互为捧逗,灵活换角。他们的相声借鉴了南方独角戏、滑稽戏的表演,具有夸张的面部表情和形体动作,颇具舞台剧风格。大兵作为捧哏从始至终用方言腔普通话表演,也是对传统相声表演的突破。新浪网评价:大兵的表演夸张,像个“小混混”,把相声和喜剧等艺术门类的夸张搞笑手法淋漓尽致地表现出来,突破了传统相声表演手法的局限。腾讯网评价:大兵一直不遗余力地在喜剧道路上耕耘,他作品中的经典对白已经成为人们的口头禅。

在从事相声艺术表演的同时,大兵还担任电视节目主持。曾主持湖南卫视《新青年》《大兵点将》《超级英雄》《超级小英雄》《谁是英雄》《以一敌百》等多档节目。还曾主持四川卫视《天下笑友会》和北京卫视《笑动2007》等节目。

作为演艺界知名人士，大兵积极参加社会服务活动，从 2000 年起，每年都参加了中央电视台“心连心”艺术团赴全国“老、少、边”地区的慰问活动。

大兵曾任政协长沙市第九届委员会委员。

曹一家

——知名电气工程专家、长江学者

曹一家(1969—),电气工程专家,湖南益阳人,2002 年加入中国民主同盟,后加入中国共产党。曾任民盟浙江省委委员。现任湖南大学副校长。

曹一家 1988 年毕业于西安交通大学,获学士学位。1990 年、1994 年在华中理工大学(现华中科技大学)分别获硕士、博士学位。1994 年 9 月至 1995 年 8 月到英国洛巴诺大学从事博士后研究工作。1995 年 9 月至 1998 年 4 月在英国利物浦大学工作,随后在西英格兰大学工作。2000 年 4 月回国任华中理工大学教授、博士生导师。2001 年 1 月起任浙江大学教授、博士生导师。2005 年 9 月起任浙江大学电气工程学院副院长。2008 年 3 月起任湖南大学副校长。他还担任"十一五"国家高技术研究发展计划(863 计划)先进能源技术领域专家组成员、美国电气与电子工程师协会会员、国际大学电气工程会议指导委员会委员等职。

曹一家主要研究领域是电力系统安全与控制、大电网智能优化调度、分布式智能系统理论、电力信息集成与网络化控制。曾获得国家杰出青年基金、国家973计划、国家自然科学基金创新群体项目、教育部重大科技项目、国家电网公司重大创新科技计划等重大重点项目资助。在国内外学术刊物和国际学术会议上共发表学术论文150余篇,所发论文已被SCI和学术同行引用超过500次。研究成果已成功应用于我国电力生产,产生了巨大的经济效益和社会效益。2000年曾获教育部优秀青年教师奖,2001年获湖北省自然科学一等奖(排名第二),并获评教育部"长江学者奖励计划"特聘教授。2002年获中国高校自然科学二等奖(排名第二)。2003年获国家科技进步二等奖(排名第二),2004年获霍英东优秀青年教师奖(研究类)一等奖,2005年获教育部提名国家自然科学一等奖(排名第一)。2006年获浙江省"有突出贡献的中青年专家"称号,经国务院批准为享受政府特殊津贴专家,并入选中共中央组织部"万人计划"第一批领军人才。2007年,获国家自然科学二等奖(排名第一)、第十届中国青年科技奖,并入选新世纪百千万人才工程国家级人选。

曹一家曾任民盟浙江大学委员会副主委、民盟浙江省第十届委员会委员。他还是政协浙江省第十届委员会常委。

付辽源

——知名女高音歌唱家

付辽源(1969—),女高音歌唱家,土家族,湖南永顺人,2005 年加入中国民主同盟。现任民盟中央艺术团理事、湖南省音乐家协会副主席、湖南省文化馆艺术培训部主任。

付辽源 1980 年 10 月被特招进入永顺县剧团,1986 年 6 月调入湘西自治州民族歌舞团工作。1996 年 7 月毕业于中国音乐学院歌剧系。1997 年 7 月到湖南省歌舞剧院工作,历任独唱演员、歌剧团副团长等职务。2012 年调入湖南省文化馆,现任艺术培训部主任。2015 年 2 月当选为湖南省音乐家协会副主席。此外,还担任第十届中华全国青年联合委员会委员、湖南省青联志愿者艺术团团长、湖南省青年联合会常委,并任湖南省群文声乐专业委员会会长,湖南省艺术专家委员会特聘专家,湖南师范大学音乐学院和吉首大学音乐学院特聘客座教授、硕士研究生导师,湖南省涉外经济学院音乐学院兼职教授等职。

付辽源从事声乐工作30余载，是国家一级演员、女高音歌唱家。先后师从著名声乐教育家宋慧龄、张建国、杨曙光、金永哲、宋一等教授。代表作有原创歌舞剧《遥远的侗寨》、原创歌剧《扶贫司令》（均担任女主角）；演唱的原创歌曲《你是好儿郎》《大山的儿子》《椪柑红了》被制作成音乐电视，在多家电视台播出。她先后荣获第二届全国少数民族文艺会演金奖、全国第九届“孔雀奖”少数民族声乐大赛三等奖、第十一届“孔雀奖”少数民族声乐大赛三等奖、湖南省“田汉表演大奖”、湖南省“五个一工程奖”等奖项。

她演唱的《咚咚喹吹起来》走进2000年中央电视台春节歌舞晚会，由她自己作词、作曲的《椪柑红了》走进2009中央电视台“激情广场”。2004年7月全国青联会议期间，她参加了中央电视台大型文艺晚会《我和我的祖国》演出，和彭丽媛等5位歌手一起演唱了主题歌。2006年发行个人独唱光碟《神秘湘西》，2008年发行个人独唱光碟《送给妈妈的茉莉花》。2007成功举办个人独唱音乐会《神秘湘西等你来》，由湖南卫视影视频道现场录播。2015年11月，她参加了文化部组织的“中华文化非洲行”，赴南非、贝宁、喀麦隆、加纳、多哥5国巡演，《人民日报》以“付辽源：用歌声感动非洲”为题做了专题报道。她还先后赴德国和中国香港、澳门等地区演出并担任独唱。

付辽源是一名积极的群众艺术活动组织者、推动者。她多次组织策划“放歌潇湘”系列演唱会、“湘音·湘韵”系列音乐会。并成功策划、组织举办《声乐大课堂》公益讲座数十期，听课学员达10万人。该系列讲座获湖南省文化厅优秀示范项目,2017年被列入文化部共享工程《百姓大舞台》的品牌项目。

付辽源是民盟中央艺术团理事、湖南民盟艺术团团长、民盟省直文化艺术委员会副主委。她还是第四届长沙市天心区人大代表。

黄　晖

——湖南影视编剧代表人物

黄晖(1969—),影视编剧,湖南株洲人,2014年加入中国民主同盟。现为民盟中央文化艺术研究院理事、湖南电视台编剧。

黄晖1992年毕业于湘潭大学中文系,获文学学士学位。毕业后曾在广东肇庆财政局、湖南名人公司、中国老区报社、湖南社科院现代文明画报社等单位工作。2005年进入湖南电视台,开始从事专业创作。

黄晖是湖南影视编剧代表人物之一,现任中国广播电视协会编剧委员会常务理事、湖南省电视艺术家协会副主席。至今已创作电视剧、电影、纪录片、小说等各类作品10余部,代表作品有电视剧剧本《恰同学少年》《血色湘西》《毛泽东》等。23集电视剧《恰同学少年》,自2007年在中央电视台一套黄金时段首播以来,获得全国同时段收视冠军(观众规模达4亿以上),引发了强烈社会反响，该电视剧被誉为“中国当代最佳教育题材影视作品”。教育部为此专门发文，要求全国所有大、中、小学组织全体师生收看。仅2007年一年，该剧就在中央电视台各频道重播达10余次，并先后在湖南卫视、深圳卫视等十余家省级电视台播出。该剧开创了中国电视剧中“红色青春剧”这一全新的剧种，催生了后来一系列同类影视作品的问世。该剧获得中国电视剧飞天奖一等奖、全国“五个一”工程特等奖、中国电视金鹰奖、湖南省文学艺术奖等众多奖项。同名小说《恰同学少年》出版后，也多次获奖，并长期热销，至今印数已逾50万册。34集电视剧《血色湘西》自2008年在湖南卫视首播以来，获得全国同时段收视冠军，并获第24届中国电视金鹰奖。20集电视文献片《毛泽东遗物的故事》自2009年在中央电视台一套首播，连续获得中国广播影视大奖等一系列奖项。49集电视剧《毛泽东》是首部毛泽东人物传记影视作品，自2013年底在中央电视台一套黄金时段首播，获得全国同时段收视冠军，并获得全国“五个一”工程奖、中国电视金鹰奖等奖项。

因在影视创作领域的瞩目表现，黄晖个人还曾获得中国电视剧飞天奖优秀编剧奖，被中国视协评选为“中国电视艺术五十年全国优秀编剧”，并被湖南省人民政府记一等功。

萧应辉

——国家技术发明二等奖获得者

萧应辉(1970—),湖南涟源人,2001年加入中国民主同盟。现任湖南农业大学教授、博士生导师。

萧应辉1990年9月至1994年7月在湖南农业大学农学专业学习,获农学学士学位。1996年9月至1999年7月在湖南农业大学就读作物栽培与耕作学专业,获农学硕士学位。1999年9月至2002年7月就读于湖南农业大学作物遗传育种学专业,获农学博士学位。1994年7月到1999年7月在湖南农业大学水稻生态生理研究室从事水稻栽培生理研究,任研究实习员。1999年起进入湖南农业大学水稻科学研究所从事水稻遗传育种研究,任助理研究员。2002年8月至2005年12月在南京农业大学"作物遗传与种质创新国家重点实验室"从事博士后研究。2004年12月被评为湖南农业大学副教授。2008年1至8月在国家自然科学基金委员会兼职从事科研管理工作。2009 年 12 月被评为研究员。其后一直在湖南农业大学从事水稻分子生物学基础研究和杂交水稻育种工作,期间 2011 年 1 至 3 月在美国俄亥俄州立大学植物病理系从事访问学者研究。自 2009 年起,任湖南省作物学会理事。并担任《作物学报》《中国水稻科学》《杂交水稻》《南京农业大学学报》《沈阳农业大学学报》《湖南农业大学学报》《作物研究》等刊物的审稿专家。担任国家自然科学基金、教育部博士点基金、湖南省自然科学基金、河北省自然科学基金和福建省自然科学基金等基金项目的评审专家。

萧应辉先后主持了国家自然科学基金项目 3 项、科技部农业成果转化资金项目 2 项和湖南省自然科学基金杰出青年基金等多个项目的研究。作为主要参加人员所选育的 17 个水稻新品种通过国家或省级审定。获国家发明专利 2 项,获植物新品种权 4 项。参编著作两部,发表论文 70 余篇。获国家技术发明二等奖、湖南省技术发明一等奖和教育部技术发明一等奖各 1 项。其中,"水稻两用核不育系 C815S 选育及种子生产新技术"于 2012 年 12 月获国家技术发明二等奖,该项目育成制种安全、综合性状优良、配合力强的水稻两用核不育系 C815S,并利用核不育系选配了 13 个高产杂交组合(通过国家或省级审定),同时研制和发明了两用核不育系及杂交组合安全高产高效种子生产新技术,解决了困扰两系法杂交水稻生产多年的主要技术问题。

张伯序

——湖南流行乐坛活跃人物

张伯序(1971—),词曲作家,湖南永顺人,2003 年加入中国民主同盟。现任民盟湖南省委员会文化委员会副主任。

张伯序 1993 年毕业于湖南师大数学系,获数学学士学位。毕业后被分配到长沙一所中学任教,不久辞职,开始专门从事音乐创作。1997 至 2005 年,担任湖南卫视《快乐大本营》主要音乐创作人。后自创天众传媒有限公司,担任董事长。

张伯序是词曲作家,公开发表作品 400 多首。他以“敏捷多变、玲珑恣肆”的歌曲风格著称,曾被很多媒体誉为“湖南流行乐坛领军人物”,被词坛泰斗乔羽誉为“曲丽文优、品艺双修”的音乐才子。1995 年,他作词作曲的《思恋在花开的地方》获得当年湖南电视台“潇湘新歌年度十大佳曲奖”和“最佳作曲奖”。1997 年,由他作词、作曲的湖南卫视《快乐大本营》主题曲《快乐如风》

（何炅、李湘演唱），一度成为20世纪90年代后期最为风靡的电视歌曲。其后他陆续为叶凡、朱桦、王丽达、刘和刚、林萍、谌蓉、曹颖、王铮亮、陈笠笠等歌手创作过大量脍炙人口的歌曲。

张伯序对音乐情有独钟。大学期间，就读于数学系的他在音乐系旁听了几年，闲来就抱着一把吉他在寝室拨弄，一练就好几个小时，接着他又张罗着组建乐队，自己担任吉他手。1994年，张伯序开始了与湖南电视台的合作，在流行音乐原创风潮火爆的1995年，湖南台的颁奖晚会上，他一举夺得了“潇湘新歌榜年度十佳金曲奖”与“最佳作曲奖”两项桂冠。1997年，张伯序成为《快乐大本营》的主创者之一，除了制作音乐外，还承担了策划、撰稿等工作。2003年，非典肆虐，各省市均进入紧急预警状态。张伯序接到湖南卫视通知，要求以最快的速度创作一首以“抗击非典”为主题的歌曲。当时张伯序恰巧患上感冒，身边人都担忧他的健康状况，但他立马进了录影棚，花了3个小时创作了歌曲《阳光路上》，从词到曲，从录音到剪辑，一气呵成。短短一天时间，中国第一首抗击非典的公益歌曲就已经在电视上播出了。2008年抗击冰灾，他创作了《回家过年》。中华人民共和国成立60周年，他创作了《盛世华章》。这些歌曲精准地把握住了人心所向和时代脉搏。

张伯序曾任民盟湖南省委员会委员、民盟长沙市委员会委员。他还是政协湖南省第十一届委员会委员。

曾祥君

——国家科技进步奖一等奖获得者、长江学者

曾祥君(1972—),湖南洞口县人,2013年加入中国民主同盟。现任长沙理工大学校长助理、教授。

曾祥君1993年毕业于湖南大学电气工程系,获学士学位。1996年毕业于武汉水利电力大学电力工程系,获硕士学位。2001年毕业于华中科技大学电气与电子工程学院,获博士学位。1996年至1998年,担任长沙电力学院电力工程系助教。2000年至2001年,担任香港理工大学电机系助研。2001年至2004年,在华中科技大学博士后流动站、许继集团公司博士后工作站工作,担任湖南湘能许继高科技股份有限公司总工程师。2003年至2004年,担任长沙理工大学电气与信息工程学院副教授、副院长(主持工作)。2004年至2005年,在香港理工大学电机系做博士后。2004年至今,担任长沙理工大学电气与信息工程学院教授、院长。还担任湖南省政府应急

管理专家组成员、湖南省安全生产委员会委员、中国机械工业教育协会机电类学科教学委员会电气工程（应用型）分委员会委员、中国电机工程学会电工数学分会委员、湖南省电工技术学会副理事长、“电网安全监控技术”教育部工程研究中心主任、“智能电网运行与控制”湖南省重点实验室主任、“电力系统运行与控制”湖南省高校重点实验室主任及湖南省产学研合作示范基地主任等职。

曾祥君长期从事电气领域研究，其主持开发的消弧线圈自动调整系统、配电网接地保护装置、输电网故障行波定位系统、电网相量同步测量系统等产品，年产值上亿元，有效提高了电力系统运行和控制水平，产生了巨大的社会和经济效益。曾获国家技术发明二等奖、湖南省技术发明一等奖、中国机械工业科学技术一等奖、中国电工技术学会科学技术一等奖、中国专利优秀奖、教育部技术发明二等奖等多项奖励。2013 年，他参与完成的《电网大范围冰冻灾害预防与治理关键技术及成套装备》项目获国家科学技术进步一等奖。2004 年入选教育部新世纪优秀人才、湖南省新世纪 121 工程第三层次人才；2013 年入选国家百千万人才工程，被授予“有突出贡献的中青年专家”荣誉称号；2014 年获国家杰出青年科学基金资助；2017 年入选教育部“长江学者”特聘教授。

曾祥君现任民盟湖南省第十四届委员会常委。曾任政协湖南省第十一届委员会委员。

赵双午

——知名杂技艺术家

赵双午(1975—),杂技艺术家,国家一级演员,女,湖南韶山人,2002年加入中国民主同盟,后加入中国共产党。现任湖南省杂技艺术剧院有限责任公司党总支副书记、董事长、总经理。

赵双午1984年考入湖南省艺术学校杂技科学习杂技表演。1990年7月就职于湖南省杂技团,担任演员。2005年担任湖南省杂技团学员队教练。2007年担任学员队副队长,分管业务工作。2011年担任省杂技团《芙蓉国里》项目演出团经理。2012年导演多媒体梦幻杂技剧《芙蓉国里》。2012年12月担任湖南省杂技艺术剧院有限责任公司副总经理。2015年2月担任湖南省杂技艺术剧院有限责任公司总经理。2017年7月担任湖南省杂技艺术剧院有限责任公司党总支副书记、董事长、总经理。

赵双午是实力派杂技艺术家。现任中国杂技家协会理事,湖南省杂技家协会副主席、秘书长，长沙市文化娱乐演艺行业协会演艺专业委员会专家组成员，《创作与评论》杂志社特邀评论员。先后入选湖南省新世纪“121”人才工程、首批湖南省文艺人才扶持“三百工程”，被中国杂技家协会评为“中国杂技家协会德艺双馨会员”，并担任第九届湖南省文联委员、第十届湖南省青联委员。

赵双午从事杂技艺术表演近 30 年，主演的节目有《柔术》《技巧造型》《转碟》《顶碗》《双人技巧》《排椅》《绸吊》等，主要执教的节目有《四人柔术》《肩上芭蕾》《芭蕾转碟》；担任导演或总导演的重要晚会及剧目有《雏鹰展翅》《芙蓉国里》、梦幻版《芙蓉国里》、原创杂技剧《梦之旅》、杂技儿童音乐剧《森林奇境》，以及与加拿大“基奇纳”交响乐团合作的《杂技·交响乐》晚会。曾经随团或领队出访过美国、日本、比利时、西班牙等 30 余国演出。她的主演节目先后获得全国“新苗杯”少儿杂技大赛金奖、比利时“希望之星”国际杂技比赛银奖、中南区杂技展演一等奖、第四届全国杂技大赛金狮奖、第五届湖南艺术节“田汉特别奖”、首届“湖南文学艺术”奖等大奖。她个人曾获得湖南艺术节“田汉表演奖”“田汉导演奖”。

赵双午 2008 年发起成立民盟湖南杂技支部，担任主委。2014 年担任民盟湖南文艺基层委员会副主委。

附录

一、湖南盟员中历届全国人大代表名单

第二届全国人大代表

周世钊

第三届全国人大代表

周世钊、卢惠霖、林筱周

第四届全国人大代表

周世钊（常委）

第五届全国人大代表

卢惠霖、彭燕郊

第六届全国人大代表

卢惠霖、杨应修、陈寅、蒋良俊

第七届全国人大代表

陈寅、萧端林、董来炜

第八届全国人大代表

萧端林、余孝良、赵培英、贾明忠、罗　宽

第九届全国人大代表

谢佑卿（常委）、陈本忠、丁　松

第十届全国人大代表

谢佑卿（常委）、鲁立彬、王阳娟

第十一届全国人大代表

王阳娟、谭　艳

第十二届全国人大代表

何寄华、刘绍英

第十三届全国人大代表

张　琳

二、湖南盟员中历届全国政协委员名单

第二届全国政协委员

萧敏颂

第四届全国政协委员

董爽秋

第五届全国政协委员

陈新民、董爽秋、袁鹤皋

第六届全国政协委员

陈新民

第七届全国政协委员

陈新民

第八届全国政协委员

乐寿长、谢佑卿

第九届全国政协委员

乐寿长、李利君

第十届全国政协委员

乐寿长、李利君

第十一届全国政协委员

杨维刚（常委）、何清华

第十二届全国政协委员

杨维刚（常委）、戴晓凤

第十三届全国政协委员

杨维刚（常委）、杨君武

三、湖南盟员中历任湖南省各级人大、政府、政协、民主党派和司法系统副厅级以上职务名单

省直

黄道奇:曾任中共省委常委、组织部部长,省人大常委会副主任,中共、民盟双重党籍

王向天:曾任省政府副省长、省人大常委会副主任等,中共、民盟双重党籍

萧敏颂:民盟省委第一、二届主委,曾任省教育厅厅长,中共、民盟双重党籍

魏猛克:民盟省委第一、二、六届副主委,第二届代主委,曾任省文化局局长和省文联主席

周世钊:民盟省委第三、四、五届主委,曾任省政府副省长、省政协副主席

卢惠霖:民盟省委第四、五届副主委,第六届主委,曾任省政协副主席

陈新民:民盟省委第七、八、九届主委,曾任省人大常委会副

主任、省政协副主席，中南矿冶学院院长

王振华：民盟省委第七、八、九届副主委，第九届代主委

谢佑卿：民盟省委第九届副主委，第九、十、十一届主委，曾任省人大常委会副主任、省政协副主席

杨维刚：民盟省委第十一届副主委，第十二、十三、十四届主委，现任省人大常委会副主任，曾任省政协副主席

杨荣国：民盟省委第一届副主委，中共、民盟双重党籍

谭丕模：民盟省委第一届副主委

林兆倧：民盟省委第二、三届副主委，曾任湖南师范学院副院长

韩罕明：民盟省委第三、四、五、六届副主委

胡笃敬：民盟省委第六、七届副主委

蒋良俊：民盟省委第六、七届副主委，曾任中南矿冶学院副院长

杜迈之：民盟省委第七届副主委，第一、四、五届省政协副秘书长

曹曾祝：民盟省委第七、八届副主委，第六届省政协副秘书长

张作功：民盟省委第九、十、十一届副主委，曾任省教育厅副厅长

乐寿长：民盟省委第九、十、十一、十二届副主委，曾任省科技厅副厅长

王　影：民盟省委第九、十、十一届副主委，曾任省农林工业勘察设计院总工程师

陈幼平：民盟省委第十、十一届副主委，曾任民盟中央组织

部长

周宏灏:民盟省委第十届副主委,曾任省药监局副局长

李利君:民盟省委第十一、十二届副主委,曾任省监察厅副厅长

汤　浊:民盟省委第十二、十三、十四届副主委,曾任省政协副秘书长,现为省政协正厅级干部

何寄华:民盟省委第十二、十三、十四届副主委,曾任长沙市人民政府副市长,现任省核工业地质局局长

陈　洪:民盟省委第十二届副主委,曾任中南林业科技大学副校长

黎定军:民盟省委第十三、十四届副主委,曾任湖南省广播电视大学副校长,现任湖南商学院副院长

赵为济:民盟省委第十三、十四届副主委,曾任邵阳市人民政府副市长,现任邵阳市人大常委会副主任

胡　颖:民盟省委第十三、十四届副主委,曾任邵阳市人民政府副市长

任邦哲:曾任第二、三届省政协副秘书长

李　鳌:曾任第五届省政协副秘书长,中共、民盟双重党籍

郑　琼:曾任省卫生厅副厅长,中共、民盟双重党籍

王　果:曾任民进省委副主委,民盟、民进双重党籍

李建民:曾任民盟省委副巡视员

邹　卫:曾任张家界市政协副主席,现任民盟省委副巡视员

黄献民:现任省政协提案委副主任,中共、民盟双重党籍

赵松义:曾任省烟草专卖局总农艺师

吴宏斌:曾任益阳市政协副主席,现任省有色地质勘查局副局长

长沙

刘湘皋:曾任长沙市人民政府副市长,民盟、中共双重党籍

陈志恪:曾任长沙市政协副主席

李显模:曾任长沙市政协副主席

谭世延:曾任长沙市政协副主席

株洲

张承弗:曾任株洲市政协副主席

杨　恺:曾任株洲市政协副主席

鲁立彬:曾任株洲市人大常委会副主任

杨胜跃:现任株洲市人民政府副市长

湘潭

钱南浦:曾任湘潭市政协副主席、湘潭市人大常委会副主任

秦本杰:曾任湘潭市政协副主席

余明光:曾任湘潭市政协副主席

杨鹏程:曾任湘潭市政协副主席

傅　军:曾任湘潭市政协副主席,现任湘潭市人民政府副市长

刘盛娥:湘潭市体育运动委员会副厅级干部

衡阳

王恢端:曾任衡阳市政协副主席,民盟、民建双重党籍

戚祥麟:曾任湖南省工商联副主席

屈子健:曾任衡阳市政协副主席

陈植森:曾任衡阳市政协副主席

董来炜:曾任衡阳市政协副主席

欧斐君:曾任衡阳市政协副主席

甘润良:曾任衡阳市政协副主席

马俭平:曾任衡阳市政协副主席

岳阳

张佑琦:曾任岳阳市政协副主席

丁　松:曾任岳阳市政协副主席

万岳斌:现任岳阳市人大常委会副主任

常德

丁时祺:曾任常德市政协副主席

傅绍平:现任常德市政协副主席

益阳

汤可敬:曾任益阳市政协副主席

邓曙光:现任益阳市政协副主席

邵阳

胡子康:曾任邵阳市人大常委会副主任

傅治同:曾任邵阳市政协副主席

陈新宪:曾任邵阳市政协副主席

李兰君:曾任邵阳市人民政府副市长

蒋科荣:现任邵阳市政协副主席

曾阳素:曾任邵阳市政协副主席

王　林:邵阳市教育局副厅级离休干部

永州

钱荣棠:曾任永州市人民政府副市长、人大常委会副主任

袁火林:现任永州市人大常委会副主任

娄底

邹明玉:曾任娄底市政协副主席

邵　瑛:现任娄底市政协副主席

张家界

申康如:曾任张家界市政协副主席

罗长江:曾任张家界市政协副主席

湘西自治州

瞿震宇:曾任湘西州政协副主席

贾明忠:曾任湘西州政协副主席

刘小刚:现任湘西州人大常委会副主任

怀化

武思元:曾任怀化市政协副主席

巫培云:现任怀化市政协副主席

四、湖南盟员中历任湖南省高等院校副校长以上职务名单

陈新民 （曾任中南矿冶学院院长）

林兆倧 （曾任湖南师范学院副院长）

蒋良俊 （曾任中南矿冶学院副院长）

陈　洪 （曾任中南林业科技大学副校长）

何鸿恩 （曾任中共湖南医学院党委书记，中共、民盟双重党籍）

聂国卿 （曾任湖南商学院副院长）

彭　晓 （曾任湖南工程学院副院长）

曹一家 （现任湖南大学副校长，中共、民盟双重党籍）

谭蔚泓 （现任湖南大学副校长）

黎定军 （曾任湖南广播电视大学副校长，现任湖南商学院副院长）

唐未兵 （曾任湖南商学院院长，现任湖南工业大学党委书记，中共、民盟双重党籍）

王永宏 （现任长沙学院副院长）

陈登斌 （现任湖南信息学院董事长）

夏雪芬　（现任保险职业学院副院长）

伍春辉　（现任长沙师范学院副院长，民盟、中共双重党籍）

杨剑瑜　（现任湖南工程学院副院长）

李定珍　（曾任吉首大学副校长，现任湖南商务职院院长）

曾阳素　（现任邵阳学院副院长，民盟、民进双重党籍）

蒋建初　（现任湖南人文科技学院副院长，民盟、中共双重党籍）

李玲玲　（现任衡阳师范学院副院长）

五、湖南盟员中历任中国民主同盟中央委员会委员和候补委员名单

中国民主同盟第一届中央委员会委员

杨荣国、萧敏颂、杜迈之(候补)

中国民主同盟第二届中央委员会委员

林兆倧、陈新民、杨荣国、萧敏颂、杜迈之(候补)

中国民主同盟第三届中央委员会委员

周世钊、林兆倧、杨荣国、胡信德(女,候补)

中国民主同盟第四届中央委员会委员

卢惠霖、陈新民、胡信德(女)、韩罕明、杜迈之(候补)

中国民主同盟第五届中央委员会委员

陈新民(常委)、石任球、卢惠霖、杜迈之、韩罕明、彭燕郊、张禹勤(候补)

民盟全国代表会议以后的中国民主同盟第五届中央委员会委员

陈新民（常委）、卢惠霖、陈常铭、韩罕明、张禹勤（候补）、李慰萱（候补）、曹曾祝（候补）

中国民主同盟第六届中央委员会委员

陈新民（常委）、王振华、李慰萱、陈常铭、曹曾祝、谢佑卿、张作功（候补）

中国民主同盟第七届中央委员会委员

王振华、张作功、陈常铭、曹曾祝、谢佑卿、周宏灏（增选）、乐寿长（递补）

中国民主同盟第八届中央委员会委员

谢佑卿（常委）、丁松（女）、乐寿长、张作功、陈幼平、周宏灏

中国民主同盟第九届中央委员会委员

谢佑卿（常委）、丁松（女）、乐寿长、张作功、杨维刚、陈幼平

中国民主同盟第十届中央委员会委员

杨维刚（常委）、李兰君（女）、李利君（女）、汤浊（女）、陈洪、徐涤宇

中国民主同盟第十一届中央委员会委员

杨维刚（常委）、王静（女）、汤浊（女）、何寄华、徐涤宇、聂国卿

中国民主同盟第十二届中央委员会委员

杨维刚（常委）、王静（女）、何寄华、李定珍（女）、胡颖（女）、聂国卿

六、外地湘籍知名盟员名录

李青崖——著名翻译家、法国文学翻译第一人

欧阳予倩——“中国现代戏剧之父”

左舜生——中国民主同盟创始人之一

金岳霖——现代中国杰出哲学家

周谷城——著名历史学家、曾任全国人大常委会副委员长

曾昭抡——中国科学院学部委员,我国现代化学的开拓者

田奇㑺——著名地质学家,中国科学院学部委员

张毅——国家一级教授、中国药理学科的奠基人

曹孟君——现代中国妇女运动的杰出领导者

魏曦——著名医学微生物学家,中国科学院学部委员

胡毅——曾任民盟河北省委主委、河北省人大常委会副主任

谷霁光——知名历史学家,曾任民盟江西省委主委、江西省人大常委会副主任、江西大学校长

刘琼——著名电影表演艺术家

袁昌英——中国现代著名女作家,曾任武汉大学教授

朱刚夫——革命烈士

李家文——著名蔬菜学家、中国白菜研究第一人

唐弘仁——曾任民盟贵州省委主委、贵州省政协副主席

魏荣爵——中国声学事业奠基者之一,中国科学院院士

陈旭麓——享有国际声誉的著名史学家

张远谋——曾任民盟天津市委主委

黄细亚——红岩烈士

罗尔纯——“东方梵高”、当代公认的油画大师

余淑怡——革命烈士

文楚安——著名文学评论家、翻译家,“垮掉的一代”研究专家

李嘉琥——曾任民盟贵州省委主委、贵州省政协副主席

李谷一——著名歌唱家

彭孝军——现任中国科学院院士、大连理工大学精细化工国家重点实验室主任

郑功成——著名社会保障专家、现任民盟中央副主席

邓秀新——著名柑橘学家、中国工程院院士、现任民盟中央副主席、中国工程院副院长

后记

在《民盟历史文献》丛书付梓之际，掩卷回首，民盟先贤们的音容笑貌挥之不去，不绝如缕，久久难忘。在编辑此丛书的过程中，我们每每被他们为信仰、为理想奋斗的坚定精神感召和感动。

人不能没有理想和信仰，一个民族也不能没有自己的理想和信仰。我们的先辈们，正是怀揣民族富强、人民福祉的赤诚之心，身先士卒、鞠躬尽瘁；凭借自身高尚的人文品格和社会良知，与中国共产党团结合作，为中国社会的前途和命运探索了一条新的路；和平、民主是人类社会的两大主题，也是中国共产党人和各民主党派所共同追求的理想。

如今，面对着他们的拳拳之心和丰功伟绩，我们感叹，赞叹，怀念！更要继承！

《民盟历史文献》在整个创作和出版过程中，得到了来自社会各界人士的关注和厚爱。我们要特别感谢为此丛书孜孜不倦地考证、核实、梳理、完善的各位专家、学者，是他们的认真严谨，才使此丛书能够客观地展现历史的真貌；更要特别感谢中共中央统战部与民盟中央给予我们的鼎力支持和重视，没有他们的指导和帮助，我们不可能完成如此厚重的出版工作任务；还要感谢各省、市、地区的民盟组织为搜集、挖掘、抢救民盟的历史文献资料做出的不懈努力和贡献；感谢每一本书的作者，是他们的辛勤笔耕和一点一滴的忠实记录，才集成了民盟历史的全貌；感谢为此丛书付出辛劳的编辑以及所有工作人员，感谢你们辛勤的劳动和无私的奉献。

谨以此丛书献给所有伟大的民主革命先驱者，献给为共和国诞生抛洒了智慧和热血的先贤们，献给那一段筚路蓝缕、以启山林的峥嵘岁月。

《民盟历史文献》编委会